Marià Corbí

EL LEGADO DE LOS MAESTROS

ISBN Libro en papel: 978-84-685-8739-4
ISBN eBook en PDF: 978-84-685-8740-0

Impreso en España

Editado por Bubok Publishing S.L

ÍNDICE

Este libro recoge las nueve conferencias que impartió Marià Corbí en Barcelona durante el curso 1993-1994 en "Aula Provença" de la Fundació Jaume Bofill.

INTRODUCCIÓN

Cuando las culturas se trasforman profundamente; cuando venerables formas de vida desaparecen, dejadas definitivamente atrás por la marcha de las sociedades; cuando hay que seguir adelante por nuevos caminos es la hora de plantearse qué hay que tomar consigo de las viejas residencias para llevarse como viático y qué hay que dejar para que se lo lleve la riada de la historia.

Cuando se emprende un camino nuevo, son pocas las cosas del pasado que uno puede cargarse sobre la espalda. La mayoría de las cosas hay que dejarlas atrás definitivamente.

La segunda revolución industrial, -la que aparece con el desarrollo de la informática, la biotecnología, los nuevos materiales, las sociedades de innovación, las sociedades de creación continua de ciencia, tecnología e información-, es uno de esos recodos del camino de las sociedades humanas desde el que se entra en lugares totalmente nuevos. Pocas cosas de las viejas maneras de vivir sirven para este nuevo tramo de nuestro itinerario. Discernir qué es lo que hay que tomar y qué lo que hay que dejar para poder seguir adelante convenientemente, llega a convertirse en una estricta cuestión de supervivencia.

Ni siquiera las venerables tradiciones religiosas, como las vivieron durante larguísimo tiempo nuestros antepasados, pueden ser tomadas sobre las espaldas en las nuevas circunstancias; ya no podemos vivirlas como ellos las vivieron.

De las viejas tradiciones religiosas sólo podemos destilar su espíritu para llevarlo con nosotros por el nuevo tramo del camino, pero nos vemos forzados a dejar respetuosamente el resto con los muertos.

Cuando dejamos atrás los últimos residuos de las sociedades agrarias, autoritarias y preindustriales; cuando nos vemos forzados a aprender a vivir de la continua creación de ciencia y tecnología;

cuando esa continua transformación de nuestro saber y nuestros instrumentos nos fuerzan a cambiar continuamente nuestras formas de trabajar y organizarnos y, por tanto, nos fuerzan a tener que revisar y cambiar nuestros sistemas de comunicación, de cohesión, de fines y valores no nos queda más remedio que desprendernos de todo lo que, en nuestra manera de pensar, sentir y vivir la religión, la experiencia sagrada de la existencia, provenía y servía a aquellas maneras de vivir y sentir que hemos tenido que dejar atrás. No podemos andar por los caminos de la vida con nuestros venerables muertos a cuestas.

Cuando hay que emprender un nuevo camino en nuestros modos de vivir, pensar, organizarnos y sentir, la única solución correcta que nos queda es volvernos con la máxima veneración, respeto y amor hacia las sagradas tradiciones, para estudiarlas con tal intensidad e interés que podamos comprender su espíritu. Si llegamos a comprender su espíritu nos será posible alejarnos de las viejas formas sin abandonar, con ellas, nada que deba vivir. El respeto, el amor, la lucidez y el completo desprendimiento nos permitirán discernir.

Las sociedades que tienden a vivir de la continua creación de ciencia y tecnología, con la cadena de transformaciones que eso comporta, no pueden anclarse en formas estables de interpretar la realidad, ni en sistemas inmóviles de organización, fines y valores. Esas sociedades no pueden quedar fijadas en sistemas de creencias y valores, porque tienen que revisarlos, rehacerlos y cambiarlos continuamente.

Las comunicaciones y la densidad de las redes de información han puesto en contacto inmediato a todas las tradiciones culturales y religiosas de la humanidad. Hemos entrado, irreversiblemente, en la época de la globalidad. En un tipo así de comunidad global tienen que convivir todas las tradiciones religiosas, conociéndose, apreciándose e incluso amándose. Ninguna tradición puede pretender imponerse a las otras, ni menos intentar hacer desaparecer a las otras.

A una sociedad dinámica y extremadamente móvil en sus sistemas de interpretar la realidad, en sus modos de valorar y vivir; a una sociedad que sabe que sólo ella misma se construye sus proyectos y modos de vida, sin que los pueda recibir, ya hechos, ni de nada ni de nadie; a una sociedad así no se le puede presentar la religión como indisolublemente ligada a sistemas fijos de creencias, modos de organizarse, valorar y vivir: resultaría inasimilable.

En una sociedad en la que confluyen todas las tradiciones religiosas de la historia y en la que ninguna tradición puede imponerse a las otras, nos vemos irremediablemente empujados y forzados a no ligarnos a creencias o modos exclusivos de pensar y sentir, porque si lo hiciéramos, las condiciones de convivencia saltarían hechas pedazos y eso ocurriría por causa religiosa.

Por unas causas o por otras, en las nuevas circunstancias de la cultura humana, ya no se puede identificar la religión con la sumisión a un sistema de creencias, valores, comportamiento o moralidad, ni con la sumisión a un proyecto de vida presentado como una solución bajada del cielo a los problemas de la existencia.

Si la religión no es nada de eso ¿qué ofrece la religión? ¿qué hay debajo de eso que hasta ahora hemos llamado "religión"?

Lo que hasta ahora hemos llamado religión invita a un acceso a "otra dimensión" de esta misma realidad que vivimos en nuestra vida cotidiana.

Para poder tener acceso a esa "otra dimensión" de todo esto que nos rodea y que nosotros mismos somos, hay que someter a proceso a nuestra mente, nuestra sensibilidad y todas las dimensiones de nuestro ser. Nos interesa, pues, saber en qué consiste el ofrecimiento religioso y cómo se hace el proceso para acceder a él. Y hemos de aprender todo eso de las venerables tradiciones, sin podernos someter a sus modos de pensar, sentir y vivir. Nos es imposible someternos a esas formas porque las viejas tradiciones hablan desde modos de vida que han muerto sin remedio.

Para aprender de los viejos maestros y de las venerables tradiciones, hay que estudiarlas con entrega total y con completo desprendimiento; sólo estudiando con amor y desprendimiento se puede conseguir la lucidez y la libertad necesaria para comprender el mensaje y las enseñanzas de los antiguos, sin verse, por ello, sometidos a sus moldes culturales y a sus maneras de pensar, sentir y vivir.

En nuestro trabajo nos hemos esforzado en estudiar a los maestros religiosos del pasado y a las grandes tradiciones; y lo hemos hecho desde las perspectivas de una sociedad que sabe que tiene que construirse el propio destino, en todos sus niveles, que no puede adherirse a creencias fijadas y en la que confluyen todas las tradiciones religiosas de la humanidad.

Advertimos al lector que usaremos el término 'religioso/religiosa' para señalar la enseñanza de sabiduría que transmiten los maestros de las tradiciones religiosas. Una sabiduría desligada de referencias a creencias o modos exclusivo de pensar y sentir, a valores, comportamientos o moralidad, desligada de la sumisión a un proyecto de vida presentado como una solución bajada del cielo. Religioso/religiosa como sinónimo de camino interior hacia la profundidad humana.

Hemos destacado lo que creemos son algunos de los rasgos capitales del proceso interior al que invitan las venerables tradiciones.

Hemos dividido el libro en nueve capítulos. En cada uno de ellos se expone un rasgo central del proceso religioso, del camino a la sabiduría profunda humana. La explicación del tema que hacemos en cada capítulo va seguida de una colección de textos recogidos de todas las tradiciones religiosas. O, quizás, sería más correcto decir, que sobre cada uno de los temas hemos reunido un conjunto selecto de textos, que hemos precedido de una corta explicación.

Nuestras exposiciones no pretenden más que ayudar a una mejor comprensión de la fuerza expresiva sin par de los dichos de los maestros.

1. LA RELIGION COMO OFERTA DE OTRA DIMENSION DE LA REALIDAD

En Europa y en el Occidente desarrollado se están terminando, a la vez, dos mundos culturales:

En primer lugar, estamos liquidando los residuos últimos de la cultura pre-industrial, agraria y autoritaria que empezó a ser seriamente sustituida hace más de 150 años.

Pero, al mismo tiempo que terminamos con los residuos de las culturas pre-industriales, estamos sustituyendo, aceleradamente, la primera revolución industrial por la segunda: la de la informática, la de la biotecnología, los nuevos materiales, etc.

No voy a hablar de esos tres momentos del tránsito cultural, me fijaré sólo en los extremos: el punto de partida, las sociedades pre-industriales, y el punto de llegada, las sociedades de la segunda industrialización o sociedades de innovación y cambio.

Podemos dar por prácticamente liquidado el mundo cultural de las sociedades pre-industriales, las sociedades agrarias, autoritarias y patriarcales.

Las sociedades pre-industriales eran sociedades estáticas, es decir, eran sociedades que vivían de hacer siempre lo mismo. Durante milenios se vivió fundamentalmente de lo mismo y, por tanto, de la misma manera.

En esos milenios hubo muchos cambios, pero esos cambios no alteraron las maneras fundamentales de vivir.

Las sociedades que viven de hacer lo mismo tienen que programar a los individuos y a las colectividades para esa manera fijada de vivir y deben, además, bloquear el cambio.

Tienen, por tanto, que establecer una manera fija e inalterable de interpretar la realidad; unos cuadros de valores y fines colectivos fijos e inalterables; unas formas fijas e inalterables de organizar la familia y la sociedad; unas formas fijas e inalterables de moralidad.

Las sociedades pre-industriales proclaman sus proyectos de vida y los graban, como un programa, en la mente y el corazón de las gentes, mediante mitos y símbolos; es decir, mediante narraciones que establecen cómo hay que pensar y sentir, qué es la vida buena y que no. A esas narraciones se les atribuye un prestigio sagrado.

Las sociedades pre-industriales piensan que todas sus maneras de pensar y vivir las ha establecido Dios, piensan que son revelación y precepto divino. Por eso, esa manera de pensar, de sentir, de moralidad, de organización y modo de vida es indiscutible, inalterable y único.

Con este procedimiento se establece colectivamente cómo hay que vivir y se bloquea, a la vez, el cambio.

Esta es la manera de programarse que tienen las sociedades estáticas.

¿Cómo se presenta la religión en una sociedad así?

Como unos cuadros de creencias fijados e inalterables, revelados por Dios, de los que se derivan unas maneras de valorar, unos fines, unas formas de organizar la familia y la sociedad.

En las sociedades pre-industriales el mismo sistema de narraciones (de mitos) que programa el modo de vivir, fijo e inalterable, es el que vehicula la religión. El programa colectivo, obligatorio para todos los miembros de la sociedad y la religión, se identifican. Así resulta que toda la sociedad debe creer y vivir como dice la religión, porque lo que dice la religión es, también, el programa colectivo.

Para que el grupo pre-industrial funcione, es preciso que todos los miembros de la sociedad piensen, sientan y vivan como conviene y está establecido por Dios mismo y es preciso que nadie pueda atreverse a cambiar nada.

En este contexto, la religión viene a ser equivalente a un sistema de creencias, unas maneras de comportarse y vivir y unos rituales. Sistema de creencias y comportamientos que es obligatorio para todos, y que nadie puede cambiar, ni menos ponerle alternativas.

Cuando la religión se hace creencias y comportamientos, que deben extenderse obligatoriamente a todos, la religión requiere ligarse a unos sistemas rígidos de control y de poder. Sin poder no es posible extender las creencias a todos; sin poder no se puede ejercer eficazmente un control tal que mantenga la exclusividad de lo correcto y que bloquee el cambio.

Así, en las sociedades estáticas, la religión se hace un sistema de creencias al que hay que someterse bajo el control del poder. Quienes controlan la religión deben tener poder o tienen que aliarse con el poder.

Esta ha sido la forma que ha tomado la religión en todas las sociedades pre-industriales y estáticas.

Todo esto se ha terminado, aunque pueda continuar sobreviviendo en los márgenes de la marcha de las sociedades humanas y en los márgenes de la cultura.

Se ha terminado la sociedad que vive de hacer siempre lo mismo porque se han terminado las sociedades pre-industriales.

Se han terminado las sociedades con sistemas fijos e inalterables de interpretar la realidad.

Se han terminado las sociedades con cuadros fijos e inalterables de finalidades colectivas y valores.

Se han terminado las sociedades con sistemas fijos e inalterables de organizar el trabajo, la familia, la sociedad, la autoridad.

Se han terminado las sociedades que tenían proyectos de vida milenarios, fijados, indiscutibles.

Se han terminado las sociedades en las que se creía que se sabía, de una vez por todas, cómo teníamos que pensar, cómo teníamos que sentir, cómo teníamos que organizarnos y vivir.

Creíamos todas esas cosas porque teníamos que vivir haciendo siempre lo mismo, sin arriesgarnos a alterarlo. Creíamos que nuestra manera de pensar, sentir y vivir procedía de Dios. Así nos sometíamos y legitimábamos el poder de los que ejercitaban el control de las creencias y los comportamientos correctos.

Se ha terminado para siempre la sociedad pre-industrial estática, agraria, autoritaria, patriarcal, fijada, inalterable, de control y sumisión.

Con ella ha terminado la forma religiosa apropiada a ese tipo de sociedad: la religión como sistema de creencias y comportamientos fijados; la religión como sumisión.

Aquella sociedad, y su forma de religión, se terminó.

Lo que se está desarrollando es algo muy diverso de aquello; casi diríamos que su opuesto.

Vivimos en una sociedad de creación continua de ciencia y tecnología; en una sociedad de innovación continua.

Una sociedad así no tiene un sistema fijado de interpretar la realidad, al contrario, su sistema ha de ser móvil.

Interpretamos todas las realidades, ya no con mitos, con narraciones, como en las sociedades pre-industriales, sino con ciencia. Todo se interpreta científicamente; y la ciencia está sometida a un proceso de cambio continuo, cada vez más acelerado y profundo.

Como que las ciencias cambian continuamente y ellas crean nuestras tecnologías, también las tecnologías se transforman continuamente, cada vez con más celeridad y más radicalidad. Además, las tecnologías se han extendido a todos los ámbitos de la vida humana, nada queda fuera de su influjo, por tanto, lo transforman todo.

Las transformaciones continuas de las tecnologías cambian todas nuestras formas de trabajo y, por tanto, de organización.

Si cambiamos continuamente nuestras formas de interpretar la realidad y las formas de trabajar y organizarnos, cambiamos, con ello, todos nuestros modos de vida y nuestras formas se sentir y valorar.

En una sociedad así, todo es móvil, todo cambia, nada puede quedar fijado porque todo tiene que poderse mover. Como todo tiene que poderse mover, nada puede sostenerse como válido de una vez para siempre; nada puede sostenerse como revelado y establecido por Dios o por la naturaleza.

En la sociedad científica y tecnológica sabemos que todo nos lo construimos nosotros: interpretaciones, valores, fines, proyectos de vida, organizaciones, moralidad. Nada nos viene dado ni solventado por la naturaleza ni por Dios. Nosotros mismos lo construimos todo y somos dueños, para bien y para mal, de nuestro propio destino y, con él, del destino de todo lo que tiene vida en este planeta.

La sociedad de la segunda revolución industrial sabe que es una sociedad que construye libremente su propio destino porque sabe que vive de la creación continua y del movimiento, porque sabe que vive de la innovación.

¿Cómo va a poder, una sociedad así, asimilar una religión entendida como sumisión a unas creencias, valores, modos de vida, modos de organización familiar y social fijados e intocables? ¿Cómo se va a poder asimilar una religión concebida como sumisión a creencias y como sumisión al poder que controla esas creencias?

Las formas religiosas contemporáneas de las sociedades estáticas y pre-industriales, adaptadas a sus maneras pre-industriales de pensar, sentir y vivir, son inviables, invisibles para los hombres y mujeres de las sociedades científicas y técnicas, de innovación, de la segunda revolución industrial.

Esas formas religiosas están tan muertas como las sociedades que las vivieron.

Si la religión en la nueva sociedad industrial, no puede adoptar las viejas y milenarias formas a las que estábamos habituados,

-¿qué será la religión en el futuro?

-¿qué pueden ofrecer las viejas tradiciones religiosas a la nueva sociedad?

-¿se agotaron las grandes tradiciones religiosas en sus formas pre-industriales?

Lo que las venerables tradiciones ofrezcan a las sociedades de innovación tiene que ser plena y fácilmente compatible con la estructura de unas sociedades que viven de la ciencia y de la técnica y del movimiento en todos sus niveles.

Por consiguiente, la religión no puede estar ligada a un sistema fijado e intocable de interpretaciones de la realidad, porque la ciencia crea continuamente nuevas formas de interpretar el cosmos, la vida, el ser humano, la sociedad, los sistemas de comportamiento y los sistemas de comunicación. Nada queda fuera de las interpretaciones continuamente renovadas y transformadas de la ciencia.

La religión no puede estar ligada a sistemas fijados e intocables de fines y valores colectivos. En una sociedad de continuas innovaciones tecnológicas, los cambios en las maneras de vivir transforman continuamente las maneras de sentir, los proyectos de vida, las posibilidades mismas de la vida humana.

En este país, en algo más de una generación, hemos podido experimentar los cambios que comportan en las maneras de sentir y vivir el paso de una sociedad mayoritariamente agraria y autoritaria a fabril, y de ahí, a iniciar seriamente, poco después, la segunda revolución industrial.

La religión no puede estar indisolublemente ligada a un tipo de organización familiar y social, porque las nuevas tecnologías cambian continuamente la organización del trabajo y la comunicación y, con ello, la organización de la sociedad y de la familia.

Tampoco la religión puede estar indisolublemente unida a un tipo de vida, a un proyecto de vida y de moralidad, porque cuando se cambia las maneras de vivir, a causa de las tecnologías, se tienen que cambiar los proyectos de vida, se altera lo que se considera vida buena y adecuada y, por tanto, cambian con ello las concepciones morales.

Lo que hasta ahora hemos llamado religión o da algo real, realidad, ya, aquí, ahora, o da creencias y preceptos. A nuestra sociedad no le interesan ni las creencias ni los preceptos. Y no le interesan no sólo porque sea una sociedad decadente y perversa, -las sociedades que aceptaban las creencias y los preceptos no eran menos perversas-, no le interesan por varias razones:

1. La nueva sociedad es extremadamente pragmática; se ve forzada a ser pragmática. Las grandes transformaciones han provocado la crisis de todos los sistemas de referencia: valores, ideologías, tradiciones. Sólo las realidades pueden guiar; sólo los resultados que se consiguen por tanteo y error son la guía.

2. A la nueva sociedad no le interesan las creencias porque no puede creer. Las creencias están conectadas con sistemas de interpretación, valoración y vida fijados, estables; y nuestra sociedad no puede fijarse, ha de moverse continuamente en todos sus niveles porque se ve forzada, tiene que vivir de la innovación continua, y la innovación continua es cambio continuo.

Por tanto, no le interesan las creencias porque no le pueden interesar. Ningún sistema fijado de creencias puede interesarle, sea el que sea, y menos, unas creencias estructuradas según unos modos culturales y de vida pre-industriales, agrarios, jerarquizados, exclusivos y exclusivistas, estáticos, fijados.

Quien ofrezca creencias no será tomado en serio; no podrá ser tomado en serio.

3. Los seres humanos de las nuevas sociedades saben que tienen que construirse su propio saber, su propia ciencia, y su tecnología y, por tanto, todos sus modos de vida. Tienen que construirlo todo. Saben que nadie puede darles nada hecho.

Esa experiencia y ese convencimiento hacen que no pueda tomarse con seriedad la pretensión de aquellos que dicen haberlo recibido todo solventado desde el cielo. Y no pueden tomarlos con seriedad porque, además, el proyecto de vida que ofrecen quienes dicen que lo han recibido del cielo, no es compatible con el nuevo estilo de vida científico, industrial, creativo y móvil, que es imposible abandonar.

Por consiguiente, lo que las tradiciones religiosas ofrezcan ha de ser realidad, no creencias; realidad en esta vida, en este mundo, porque si no es en este mundo y en esta vida ya son creencias y no realidad.

Se ha de ofrecer la posibilidad de acceder a más dimensiones, a otras dimensiones de esta realidad, de todo esto de aquí. Otra dimensión que es otra manera de ver, sentir y conocer todo esto que aquí viene.

Se trata de un acceso diferente a todo lo que me rodea y a mí mismo; de una forma parecida a como la poesía y la música me ofrecen un acceso diferente a la realidad del que me proporciona la ciencia, la técnica y la vida cotidiana.

Las tradiciones religiosas han de posibilitar el acceso a una realidad que se dice en formas, unas formas narrativas, míticas y simbólicas que ya no son un programa obligatorio, fijo e inalterable para nadie.

Lo que transmiten las grandes tradiciones religiosas se dice en formas, pero libre de las formas en que se dice. Es más, se dice en formas de tal manera que empuja a trascenderlas e incita a una indagación libre capaz de crear nuevas formas. En esto la religión procede de manera semejante a como lo hace el arte o el saber.

La religión así concebida es indagación, creatividad, libertad. El camino de la libertad de toda sumisión a formas es el camino de la verdad religiosa.

Lo que ofrecen las tradiciones es sutil, porque hay que comprender lo que dicen las formas sin confundir la luna con el dedo que la señala. En ese quehacer ¿para qué sirven el control y el poder?

Así, lo que en las tradiciones religiosas realmente se dice es compatible con muchos tipos de formas, de maneras de vivir, de organizarse, de interpretar y valorar.

No es así como se ha vivido la religión en la larga época de las sociedades pre-industriales, ni durante el corto tiempo que duró la primera revolución industrial. Durante todo ese espacio de tiempo los religiosos han sido "los creyentes", y los irreligiosos los "incrédulos".

La transformación de lo que hasta ahora hemos llamado religión ¿está de acuerdo con las enseñanzas de los maestros de las tradiciones o nos alejamos de las venerables enseñanzas?

¿La manera como nuestros antepasados entendieron y vivieron las enseñanzas de los maestros es la única o es sólo la que fue apta para las sociedades pre-industriales y estáticas? ¿Puede haber una manera adecuada a las sociedades científicas, tecnológicas y dinámicas de entender las viejas tradiciones?

Sólo el discernimiento de los textos de los maestros puede ayudarnos a aclarar estas cuestiones.

TEXTOS

Para comprender la sabiduría de las religiones, la perspectiva adecuada es la propia de un viviente cognoscitivo, es decir, un ser que sobrevive creando culturalmente su medio y su propio destino. En la nueva sociedad, los humanos tendemos a vivir de la creación de conocimientos.

Somos hombres y nuestra suerte es aprender y ser arrojados a mundos nuevos, inconcebibles[1].

En el camino religioso de sabiduría, que es un camino interior, sólo conocer cuenta, aunque se trate de un conocimiento peculiar, diverso del que utilizamos en nuestra vida cotidiana.

Hasta que no conozcas la Verdad no podrás encontrar la paz del alma, y mientras no poseas la quietud mental, estás excluido del conocimiento de la Verdad.[2]

Hablar de comida no apacigua el hambre.[3]

Nadie se cura de una enfermedad por el mero hecho de repetir el nombre de la medicina, sin tomársela; igualmente, sin la experiencia directa de ese Poder Supremo nadie puede liberarse, por más que repita la palabra Brahman.[4]

Los Upanishads y las Escrituras afirman que los seres humanos no son más que animales mientras no se han realizado. Puede que sean peor que animales.[5]

1. C. Castaneda. *Realidad aparte.* pg. 172
2. Valmiki: *El mundo está en el alma.* pg 86
3. Huei-Neng. pg. 316
4. Sankara: *La joya del supremo discernimiento.* pg.62
5. *L'enseignement de Ramana Maharshi.* pg. 36

Ni la plegaria vale si no conlleva conocimiento.

El Enviado de Dios (Mahoma) ha dicho también: "La plegaria no es válida más que con el conocimiento.".[6]

En el conocimiento se lo juega uno todo.

*Cualquier cosa que un enemigo
pueda hacerle a su enemigo
o un rival a su rival,
algo peor aún que eso
puede hacer una mente mal dirigida.[7]*

El conocimiento de que se trata no es el conocimiento conceptual o puramente mental, es el que se logra realizar con todo el ser, sin que nada de él quede fuera del conocimiento.

Un hombre de conocimiento percibe el mundo con sus sentimientos y con su voluntad y también con su ver.[8]

La visión es la única cosa que cuenta en ti... Transforma tu cuerpo entero en visión; conviértete en visión, conviértete en visión.[9]

Esta necesidad de conocimiento con la totalidad de uno mismo es lo que expresa la bellísima oración de Mahoma:

¡Oh mi Dios! Pon una luz dentro de mi corazón, una luz en mi tumba, una luz en mi oído, una luz en mi vista, una luz en mis cabellos,

una luz en mi piel, una luz en mi carne, una luz en mi sangre, una luz en mis huesos, una luz delante de mi, una luz detrás de mi,

una luz debajo mío, una luz encima de mí, una luz a mi derecha y una luz a mi izquierda.

---

6. Eva de Vitray-Meyerovitch. *Anthologie du soufisme.* pg.74
7. Udana.124
8. C.Castaneda. *Realidad aparte.* pg.172
9. Eva de Vitray-Meyerovitch. *Mystique et poesie en Islam.* pg. 181

¡Oh mi Dios! Acrecienta mi luz, dame luz, hazme luz, oh luz de la luz, por tu misericordia, oh misericordioso.[10]

Es un conocer no cotidiano porque no es dual: no divide en "esto" o "aquello", ni en "sujeto" y "objeto, ni en "lo mío" y "lo tuyo".

El océano de la ignorancia rodea el mundo y se desborda sobre él al igual que las aguas saladas cercan y bañan a una isla; y las distinciones que hacemos al decir "yo" y "mío" son las olas de ese mar de nuestro error.[11]

¡Oh Bharata! Todos los seres creados se descarrían por el espejismo de la dualidad, originada por el deseo y la repulsión.[12]

El conocimiento no es un conocimiento de objetos o de doctrinas, es un conocimiento que libera de toda forma y de toda doctrina.

Aquel que cree en la realidad de los objetos exteriores se esfuerza en buscar la forma en el exterior, y practica un cierto sistema de doctrina.[13]

Nuestra religión es el aprendizaje de la libertad (de la sumisión al deseo y a la dualidad) y la libertad no conoce límites.[14]

Lo que hay que conocer hay que conocerlo aquí, no en otra vida o en otro mundo. Y lo que aquí se puede conocer es siempre nuevo y no tiene fin.

Es estúpido pensar que el mundo es como tu piensas. El mundo es un lugar misterioso.[15]

---

10. Eva de Vitray-Meyerovitch. *Anthologie du soufisme.* pg.151
11. Valmiki. *El mundo está en el alma.* pg 81-82
12. *Bhagavad-Gîta.* VII,27
13. Huei-Neng. pg. 120
14. Houa-T'eou. *Initiation au Bouddhismes Tch'an et T'ien'ai.* pgs.96-97
15. C.Castaneda. *Viaje a Ixtlan.* pg 100

En torno nuestro el mundo es extremadamente misterioso. No entrega sus secretos fácilmente.[16]

No te fatigues en intentar explicarlo todo. El mundo es un misterio. Esto que nosotros vemos, no es todo lo que hay en el mundo. Hay mucho más que esto, hasta tal punto que no tiene fin. Cuando intentas explicar el mundo entero, todo lo que haces es hacértelo familiar.[17]

Transformar esta maravilla de ahí en razonamiento no sirve estrictamente para nada. Aquí, alrededor nuestro, se encuentra la eternidad misma. Intentar reducirla a una absurdidad manipulable es no solamente mezquino sino, además, francamente desastroso.[18]

Cuando uno ve, ya no hay detalles familiares en el mundo. Todo es nuevo. Nada ha sucedido antes. ¡El mundo es increíble![19]

...aprende a ver, y entonces sabrás que no hay fin a los mundos nuevos para nuestra visión.[20]

Nada es ya familiar. ¡Todo lo que miras se vuelve nada![21]

Cuando estamos calmados, nos damos cuenta que hay algo que nos dice cosas.[22]

Ese conocimiento hay que conseguirlo desde sí mismos.

Nosotros mismos somos tan misteriosos y espantosos como este mundo inconmensurable, por tanto ¿quién puede saber de qué somos capaces? [23]

Las posibilidades humanas, pertenecen a lo desconocido.[24]

---

16. C.Castaneda. *Viaje a Ixtlan.* pg 47
17. C.Castaneda. *Viaje a Ixtlan.* pg 132
18. C.Castaneda. *El segundo anillo del poder.* pg. 38
19. C.Castaneda. *Realidad aparte.* pg. 178.
20. C.Castaneda. *Realidad aparte.* pg. 178.
21. C.Castaneda. *Realidad aparte.* pg. 178.
22. C.Castaneda. *El segundo anillo del poder.* pg. 37-38
23. C.Castaneda. *Viaje a Ixtlan.* pg 101
24. C.Castaneda. *Fuego interno.* pg.87

Y hay que conseguir ese conocimiento no sólo con la mente sino con el cuerpo.

...la verdadera intuición está próxima a la sensibilidad, y por consiguiente, exige la práctica y el contacto personal. El puro saber libresco es de una utilidad ruin.[25]

Puesto que hay que conocer con el cuerpo, hay que conocer en esta vida.

El Sí ha de ser conocido aquí mismo, en esta vida. Tal es el precepto. ¿Cómo?.. Si el Sí es conocido aquí entonces hay verdad suprema y la finalidad de la existencia se ha conseguido; esa es la intención. Si el Sí no es conocido, la vida es inútil.[26]

Es un conocimiento que hay que conseguir desde el silencio y la plena alerta.

El estar alerta y vigilante es el camino hacia la inmortalidad, la desidia es el camino hacia la muerte; los que están alertas y vigilantes no mueren, los que son desidiosos son como los muertos.[27]

La muerte se apodera del hombre cuya mente está encadenada, ocupado en recoger flores, insaciable en sus deseos.

Mara (la muerte) no encuentra el rastro de aquellos de conducta noble que viven alertas y vigilantes y que gracias al perfecto conocimiento han encontrado la liberación.[28]

Un cazador (un hombre que vigila) lo observa todo. Y cada cosa le revela un secreto.[29]

Cada átomo del ser habla sin cesar en alta voz, pero sólo un corazón vigilante puede oírlo.[30]

25. *L'enseignement de Ramana Maharshi*.pg 36
26. .Kena Up. II,5
27. *Dhammapada*. 195.6
28. *Dhammapada*. 124.6
29. C.Castaneda. *Viaje a Ixtlan*. pg 129.
30. Attar. *Le livre divin*. pg. 247

¡Un silencio completo, un vacío completo, eso es lo mejor que puedes hacer! [31]

El conocimiento desde el silencio es el que revela nuestra propia naturaleza, nuestra naturaleza original.

Los pensamientos y los conceptos rigen toda la vida. Es la liberación de los pensamientos lo que constituye nuestra verdadera naturaleza, la felicidad. [32]

Lo puramente mental, lo mental desembarazado de todo pensamiento, eso es el Sí. [33]

Ese conocimiento que libera es un conocimiento sutil; sutil por alejado de nuestra necesidad y gratuito. Es un conocimiento presente en todo, en toda forma, pero libre de toda forma; un conocimiento que es el anuncio, el sonido, el sabor y el perfume de la eternidad. Cuando el conocimiento se fija en una forma, aunque sea la más venerable y sagrada, ya se ha desviado.

La mayor parte de los seres humanos son incapaces de asimilar las enseñanzas demasiado desnudas de los grandes maestros. Estos últimos han llamado siempre a un trabajo de transformación interior muy duro.

Numerosos son los que han preferido limitarse a la adoración fácil de la imagen del maestro. Con eso han olvidado la transformación espiritual que el maestro les sugería realizar. [34]

La verdadera religión se encuentra en nuestro interior, profundamente, y es muy difícil hablar de ella a los otros. [35]

Si el demonio llega,
dadle veinte golpes de bastón.
Si Buda llega,
dadle veinte golpes de bastón [36]

31. Maestro Eckhart. *Obras escogidas.* pg. 110
32. L'enseignement de Ramana Maharshi. pg 191.
33. L'enseignement de Ramana Maharshi. pg 264.
34. R. Linssen. *Taoisme et zen.* pg. 229
35. Yoka Daishi. *Shodoka.* pg. 83
36. Yoka Daishi. *Shodoka.* pg. 223

Yo creo en Buda.
Y el verde de la espiga
es la verdad.[37]

Si conocierais el dicho de Junaid de que el agua adopta el color del vaso de cristal que la contiene, no ofenderíais las creencias ajenas, y percibiríais a Dios en todas las formas y en todas las religiones.[38]

Una caravana que recorre una ruta difícil y peligrosa en una noche oscura avanza con temor, con miedo al daño que puede causarle un enemigo. No obstante, al escuchar el ladrido de un perro o el canto del gallo indicando la proximidad de un poblado, se esfuma su inquietud. Todos se acuestan y duermen dulcemente. En la ruta, -donde no había siquiera un murmullo- el temor no les permitia dormir; en el poblado -a despecho de los ladridos y del canto de los gallos-, se sienten seguros y felices, y duermen indiferentes. Nuestras palabras provienen de un sitio apacible y seguro; desde ese lugar hablan los profetas y los santos. Cuando el espíritu escucha las palabras de sus amigos, se siente seguro y libre de temor, pues esas palabras le transmiten el perfume de la esperanza y la felicidad. Así, el hombre que viaja en la caravana a través de las noches oscuras -temiendo que los ladrones pudieran haberse infiltrado, desea escuchar la voz de sus compañeros de viaje y reconocerlos por sus palabras. Se tranquiliza cuando oye sus voces.

Di: ¡Oh Mohammad! Recita. Siendo tu esencia sutil, las miradas no te alcanzan más, al hablar, ellos perciben que eres el amigo íntimo de sus espíritus y se sienten seguros y en paz. Entonces ¡Habla!

De no haberos hablado, hubiera permanecido invisible a vuestros ojos, tal como la delgadez de mi cuerpo lo atestigua.[39]

Eso que se conoce sutilmente, que es un rumor de eternidad, no es una doctrina.

Cada uno de los diferentes grupos humanos niega a los otros. "Nosotros tenemos razón; nuestra inspiración es verdadera, la de aquellos es falsa" y

---

37. Jaiku de Sesensui
38. Ibn al Arabi
39. Rumi. *Fihi-ma-fihi.* Pg. 197-198

el otro grupo afirma lo mismo. Así setenta y dos sectas se niegan las unas a las otras y se juzgan, recíprocamente, carentes de la iluminación. En verdad ellas coinciden en lo que respecta a la falta de iluminación, lo cual significa, que alguien la posee, en lo cual también concuerdan.

...si alguna vez has gustado el azúcar, aunque te fuera ofrecida en cien diferentes tipos de halva, reconocerás su sabor. Aquel que mordió una vez la caña de azúcar, si luego no reconoce su gusto, ¡sin duda tiene dos cuernos![40]

Dado que hay innumerables tipos de capacidades entre los seres sintientes, los Budas predican el Dharma de innumerables formas. Dado que el Dharma es predicado de innumerables formas, los significados son también innumerables. Los innumerables significados nacen de la Realidad Única. La Realidad Única es sin forma, pero no hay forma a la que no dé lugar: se le llama la verdadera forma. Esto es pureza total.[41]

Aquello que está más allá de las castas, los credos, la familia y el linaje; que no tiene nombre ni forma, ni mérito ni demérito, que trasciende el espacio, el tiempo y los objetos de los sentidos; ese Brahman eres tú. Haz que tu mente medite en ello.[42]

Lo que hay que conocer no puede ser una doctrina porque eso sería mantenerse en la dualidad. Ligarse a una doctrina es perverso.

Si alguien dice que el Tathâgata tiene una doctrina que predicar, hace injuria a Buda, no es capaz de comprender su predicación, oh Subhûti; la ausencia de toda doctrina que se pueda predicar, he ahí lo que se llama predicación.[43]

Apegarse al fanatismo sectario y al dogma hace de uno un malvado y un pecador sumo.[44]

Cuando se ocupen del estudio y aprendizaje, no se apeguen con orgullo a las palabras,

---

40. Rumi. *Fihi-ma-fihi*. pg. 153
41. *La aurora del zen. Textos zen primitivos procedentes de Tun Huang. Daoxin*. pg. 56.
42. Sankara. *La joya del supremo discernimiento*. pg. 254
43. Silburn. *Bouddhisme*. pg 97
44. Silburn. *Bouddhisme*. pg. 98

no sea que el fuego dormido de las Cinco Pasiones Venenosas levante llama y consuma los pensamientos y actos virtuosos.[45]

Es siempre la multitud enamorada de lo mundano la que se satisface con la creencia antes que con la práctica y realización de la religión.[46]

¿A qué buscar una doctrina? tan pronto como tengáis una doctrina caeréis en pensamiento dualístico.[47]

Aunque se conozcan todas las escrituras y se realicen todos los cultos y adoraciones a las distintas deidades, de nada vale todo eso a menos de que se experimente identidad con el Atman a través del Conocimiento Supremo.[48]

Si la conducta externa y las creencias de los hombres hiciesen santos, no existiría la Tierra, sólo un cielo poblado de santos.[49]

Las doctrinas religiosas son útiles cuando son un puro instrumento para el conocimiento; un instrumento que se usa y se desecha.

Oh bhikkhus, un hombre está de viaje. Llega a una gran extensión de agua de la cual la orilla de su lado es peligrosa y espantable, pero la otra orilla es segura y sin peligro. No hay barca con la que ganar la otra orilla, ni puente para pasar de esta orilla a la otra. Piensa: Esta extensión de agua es vasta y la orilla de este lado de acá es peligrosa y espantable; la otra orilla es segura y sin peligro. No hay barca con la que ganar la otra orilla y no hay puente para pasar de esta orilla a la otra. Será bueno que reúna hierba, madera, ramas y hojas y que me haga una balsa y que con la ayuda de esta balsa, pase seguro a la otra orilla, sirviéndome de mis manos y de mis pies. Entonces, este hombre, oh bhikkhus, reúne hierba, madera, ramas y hojas y hace una balsa y con la ayuda de esta balsa pasa seguro a la otra orilla sirviéndose de sus manos y de sus pies. Habiendo hecho la travesía y habiendo alcanzado la otra orilla, piensa: Esta balsa me ha sido una gran ayuda. Con la ayuda de esta balsa he pasado seguro a la otra orilla,

45. *Cantos de Milarepa.* 52,91.
46. Wentz. *Yoga Tibetano.* pg.80
47. J.Blofeld. *Enseñanzas zen de Huang Po.* pg. 75
48. Sankara. *La joya del supremo discernimiento.* 6
49. I.Shah. *El manasterio mágico.* pg 40

sirviéndome de mis manos y de mis pies. Será bueno que lleve esta balsa sobre mi cabeza o sobre mi espalda donde quiera que vaya. ¿Qué pensaríais, oh bhikkhus? Actuando de esta manera, ¿actuaría convenientemente en lo que refiere a la balsa?

-No, Señor.

-Entonces, ¿de qué forma actuaría convenientemente con respecto a la balsa? Habiendo hecho la travesía y habiendo pasado al otro lado, este hombre piensa: Esta balsa ha sido una gran ayuda. Con la ayuda de esta balsa he podido pasar seguro a la otra orilla, sirviéndome de mis manos y de mis pies. Será bueno que deje esta balsa en el suelo sobre la orilla o que la deje a las olas y que yo me vaya donde quiera. Actuando de esta manera, este hombre actúa convenientemente en lo que concierne a la balsa.

Igualmente, oh bhikkhus, he enseñado una doctrina semejante a una balsa, está hecha para atravesar las aguas y no para llevarla encima. Vosotros, oh bhikkhus, que comprendéis que la enseñanza es semejante a una balsa, deberíais abandonar las buenas cosas y cuanto más las malas.[50]

Cuando nuestro espíritu está en la ilusión,
el Saddharma Pundarika Sutra nos domina,
mientras que con un espíritu iluminado,
nosotros dominamos el sutra.

...

Recitar el sutra sin conservar creencias arbitrarias
es la manera correcta de hacerlo.
Aquel que está por encima de la afirmación
y de la negación, viaja constantemente
en el Carro del Buey Blanco.[51]

No hay que confundir nunca las doctrinas, los mitos, símbolos y ritos con aquello a lo que apuntan.

No obtienen nada tomando por la luna
el dedo que la señala.[52]

---

50. Walpola Rahula. *L'enseignement du Bouddha.* pg 31-2
51, *Huei-Neng.* pg. 82
52. Yoka Daishi. *Shodoka.* pg. 226

La esencia de la religión no se encuentra en las mortificaciones, ni en el ascetismo ni en la devoción o en los preceptos.[53]

Las doctrinas, las Escrituras, mitos y símbolos son sólo una invitación a la indagación y instrumentos de indagación.

Consejo de Buda: No andéis sobre los pasos de los antiguos. Buscad como ellos mismos buscaron.[54]

En el dominio del zen lo más importante es mantener un espíritu de indagación; cuanto más fuerte es el espíritu, mayor será el satori consiguiente; en verdad no hay satori cuando no hay espíritu de indagación; por tanto, empezad indagando el significado del koan.[55]

Alguien preguntó: ¿Cuál es, entonces, la utilidad de las palabras y los términos?

El maestro respondió: La palabra es útil porque incita a la búsqueda y no porque a través de ella pueda obtenerse lo que se busca. Si así fuera, obviamente, no serían necesarios los esfuerzos y la renuncia a sí mismo. La palabra es como una cosa que vemos moverse a lo lejos; corremos hacia ella para verla, pero a causa de su movimiento podemos hacerlo. Así es, en su aspecto oculto, la palabra del hombre; ella te incita a buscar el sentido, aunque en realidad no puedas verlo.[56]

Aquello que afirman las Escrituras y los maestros, hay que verificarlo por sí mismo.

La religión es construida sobre el cimiento de la experiencia religiosa, sin la cual se derrumba toda su superestructura metafísica o teológica.[57]

La verdadera naturaleza de las cosas sólo se conoce mediante la experiencia personal, a través de un ojo claro e iluminado, no mediante las descripciones hechas por otros, incluso aunque se tratara de un sabio; el verdadero aspecto

---

53. Yoka Daishi. *Shodoka.* pg. 249
54. Humphreys. *Une aproche occidentale du zen.* pg. 132
55. Suzuki. *Ensayos sobre budismo zen. Primera serie.* pg.126.
56. Rumi. *Fihi-ma-fihi.* pg. 231
57. Suzuki. *Ensayos sobre el budismo zen. Primera serie.*192-3

de la luna solamente se puede conocer mediante nuestros propios ojos. (...)
sólo mediante la experiencia práctica de nuestra identidad con Brahman se
alcanza la liberación y por ningún otro medio.[58]

El asunto central de la religión es, por tanto, ver directamente, conocer, sentir directamente.

Conoce que la ciencia verdadera es ver el fuego directamente,
no la mera charla, deduciendo el fuego por el humo.[59]

Hasta que el hombre pueda escuchar el mensaje sin palabras y
olvidar el mensaje verbal, permanecerá encadenado.[60]

Sí, el asunto de la religión es sólo perplejidad.[61]

Vende tu inteligencia y compra perplejidad;
la inteligencia es mera opinión, la perplejidad intuición.[62]

El conocimiento debe liberarnos de dos sumisiones: de la sumisión a nosotros mismos y de la sumisión a toda doctrina.

Si el conocimiento no te arranca de ti mismo
más vale la ignorancia que un tal conocimiento.[63]

San Juan Damasceno recoge, precisándolo, el pensamiento de san Gregorio
Nacianceno: Todo cuanto decimos de Dios en términos positivos declara, no
su naturaleza, sino lo que la rodea.[64]

Dionisio dice de Dios que es una "Nada" y "una pura nada". Eckhart
desarrolla este tema con una sobreabundancia de negaciones inauditas:
"Dios es sin nombre, porque nadie puede decir o comprender nada de él...
Si digo, pues: Dios es bueno, no es verdad; yo soy bueno, pero Dios no es
bueno... Si digo por otra parte: Dios es sabio, no es verdad, yo soy más sabio

---

58. Sankara. *La joya del supremo discernimiento.* 54
59. Rumi. *Masnavi.* pg 452
60. I. Shah. *Sabiduría de los idiotas.* pg. 134
61. Rumi. *Masnavi.* pg 22
62. Rumi. *Masnavi.* pg 223
63. Eva de Vitray-Meyerovitch. *Mystique el poesie en Islam.* pg.18.
64. V. Lossky. *Teología mística de la Iglesia de Oriente.* pg.40.

que él. Si digo, además: Dios es un ser, no es verdad; es un ser por encima del ser y una negación superesencial. Un maestro dice: Si tuviera un Dios que pudiera conocer, no le tendría por Dios... Debes amarle tal como es: ni Dios, ni espíritu, ni persona, ni imagen; más aún: Uno sin mezcla, puro, luminoso.[65]

El hombre no debe entender a Dios según que es bueno y justo, debe entenderlo en su sustancia pura y escueta en la que él se entiende a sí mismo en su desnudez. Pues la bondad y la justicia son un vestido de Dios pues lo envuelven. Por eso retirad de Dios todo lo que le envuelve y cogedlo en su desnudez, sin nada que lo cubra y en su pureza, tal como es en sí mismo.[66]

65. J.Ancelet-Hustache. *Maitre Eckhart et la mystique rhenane.* Sermón *"Renovamini spiritu mentis vestrae".* pg. 55
66. Maestro Eckhart. *Obras escogidas.* pg. 216.

2. LA RELIGIÓN NO ES UNA SOLUCIÓN HECHA, NI PARA LA VIDA NI PARA LA MUERTE

Los cambios sufridos en los modos de vida y, concomitantemente, en los modos de pensar y sentir, en los últimos 150 años nos han forzado a tener que reconocer que los proyectos de vida colectivos nos los construimos nosotros mismos.

A la misma conclusión nos ha llevado el estrecho contacto con las diferentes culturas de la tierra que ha provocado el desarrollo de las comunicaciones.

Hemos tenido que aprender que el proyecto de la propia vida, el programa, el diseño de la vida colectiva e individual, nos lo construimos nosotros mismos. Lenta y casi inconscientemente, en los largos periodos de los estadios culturales pre-industriales; rápida y conscientemente, en los estadios culturales industriales.

El **proyecto de vida** es la concreción en la que diseñamos "de qué vivimos" y "cómo", "qué consideramos una vida humana adecuada", "cómo nos organizamos", "cómo pensamos y sentimos la realidad".

En estos últimos años hemos tenido que aprender, y no sin grandes dificultades, que una cosa es el "proyecto de vida" que los grupos nos construimos y otra "la dimensión sagrada de la existencia".

La aceleración de las transformaciones culturales nos ha forzado a reconocer que la dimensión sagrada de la existencia no es un programa de vida sino una dimensión peculiar de cualquier programa de vida.

La religión no es un proyecto, un programa de vida. Como no es ni un programa ni un proyecto, no solventa ninguno de los problemas de la vida de los seres humanos.

La religión no es una solución hecha para la vida porque en las nuevas circunstancias culturales no puede serlo.

Los modos de vida tradicionales, los programas, proyectos o diseños de vida tradicionales, eran los propios de las sociedades estáticas -que vivían de hacer siempre lo mismo-; eran los propios de las sociedades pre-industriales en su versión agraria, autoritaria y patriarcal. Esos proyectos venían avalados por milenios de uso; venían verificados por su eficacia para mantener a los grupos humanos en vida convenientemente por más de 5.000 años

Esos proyectos de vida estaban impregnados de la sabiduría profunda religiosa. Hasta tal punto, que los mismos mecanismos con los que se transmitía el proyecto colectivo, -los mecanismos con los que se lo socializaba y expresaba-, eran los mismos con los que se expresaba e iniciaba a la dimensión sagrada de la existencia.

Las narraciones, mitos y símbolos de las Escrituras Sagradas se convertían, a la vez, en proyecto de vida y en vehículo de iniciación y expresión de sabiduría.

En las nuevas sociedades industriales nos hemos visto forzados a separar esas dos dimensiones de la vida de las colectividades: el proyecto colectivo y lo que se ha llamado la sabiduría de la religión.

No hemos tenido más remedio que hacer esa distinción claramente porque las sociedades dinámicas -las que tienden a vivir de la innovación- e industriales, se han visto forzadas a construir sus proyectos colectivos por medio de las ciencias y de las ideologías.

Ahora bien, con ciencias e ideologías no se puede transmitir la dimensión sagrada de la existencia, como tampoco se puede transmitir la belleza.

Nos hemos encontrado, por tanto, con que, por una parte, hemos de construir nuestros proyectos colectivos con ciencias e ideologías y, por otra parte, nos vemos forzados a continuar hablando de la dimensión sagrada de la existencia e iniciar a ella con narraciones, mitos, símbolos y rituales, porque así nos lo transmitió la tradición.

Necesitamos este doble procedimiento, -ciencias e ideologías para el proyecto colectivo y mitos y símbolos para la sabiduría de la religión-, para poder, primero, sobrevivir correctamente en nuestra nueva situación y, segundo, conservar las viejas tradiciones religiosas.

Las narraciones, símbolos y mitos que utilizamos para hablar de la sabiduría de la religión son los que hemos recibido de la tradición, que es una tradición de estructura agraria, autoritaria, patriarcal. Por tanto, ese lenguaje religioso que habla de la dimensión sagrada de la existencia ya no es programa de nada ni nos sirve para resolver ninguno de los problemas que tenemos planteados en las nuevas sociedades.

Así es que se hace perfectamente claro que sólo nosotros mismos nos tenemos que solventar los problemas de cómo sobrevivir en esta tierra, de qué vivir, cómo organizarnos laboral, social y familiarmente; sólo nosotros nos solventamos el problema de cómo interpretar la realidad y cómo la valoramos para funcionar correctamente con ella; sólo nosotros hemos de encontrar soluciones a cómo tenemos que relacionarnos y comportarnos entre nosotros mismos y con el medio, de forma que todos sobrevivamos adecuadamente en este planeta.

Con la construcción de nuestros proyectos orientamos nuestra vida y le damos un sentido. Nada ajeno a nosotros mismos dará sentido a nuestra vida. No es la religión sino nuestros propios proyectos lo que dará orientación y sentido a nuestra vida

Todo tenemos que solucionarlo nosotros mismos, con nuestras ciencias, con nuestras tecnologías. Sólo nuestra calidad personal y colectiva y nuestra capacidad de discernir lo que es conveniente, lo que es bueno y adecuado a cada situación, es nuestra guía. Sólo eso nos guía.

Ninguna solución nos vendrá dada desde fuera.

La solución no nos vendrá de las viejas religiones que se estructuraban y expresaban desde el seno de proyectos agrarios, autoritarios y estáticos; ni nos vendrá de las ciencias, porque las ciencias no descubren cómo hay que vivir, las ciencias son sólo instrumentos para construir cómo vivir.

En resumen, en nuestra nueva situación cultural, las viejas y venerables tradiciones religiosas no pueden darnos solventado ni de qué hemos de vivir, ni cómo, ni de qué forma interpretar la realidad del mundo, del ser humano y de la sociedad, ni cómo debemos comportarnos correctamente con todo eso.

Las religiones no ofrecen ninguna solución a nada. Si encontráramos alguna solución para nuestros problemas ya hecha en las religiones, deberíamos sospechar seriamente de esa solución. Con seguridad nos estamos empeñando en mantener vivo algo que hace tiempo que murió sin remedio.

Esta situación a la que hemos ido a parar nos permite comprender, con más claridad que en el pasado, que la religión no puede ofrecer soluciones para nada, no sólo en la sociedad industrial avanzada, sino que tampoco en el pasado dio soluciones. No fue la religión la que construyó los proyectos de vida colectiva, el sentido de la vida y de la moralidad de nuestros antepasados.

Los modos de vida de las sociedades tradicionales no se construyeron sobre la dimensión sagrada de la existencia sino sobre condiciones de vida propias de sociedades estáticas, pre-científicas, pre-tecnológicas, agrarias, autoritarias y patriarcales.

Las sociedades tradicionales eran como eran, pensaban como pensaban, sentían como sentían y actuaban como actuaban no porque fueran sociedades religiosas sino porque eran estáticas y agrario-autoritarias. Las sociedades del pasado, de las que hemos recibido las tradiciones religiosas, creían lo que creían porque necesitaban adaptarse convenientemente a unos medios y modos de vida, no porque fueran religiosas.

En la larga historia pre-industrial, los grupos humanos recibían y transmitían unos programas de vida, unos proyectos de vida milenarios a los que se sometían incondicionalmente porque estaban sancionados por una eficacia larguísimamente comprobada.

En esos mismos proyectos se expresaba la dimensión sagrada de la existencia.

Expresándose unidos indisolublemente el proyecto de vida y la religión, durante milenios, la religión sancionaba, de hecho, también, los proyectos.

En esa unión indisoluble e inalterable convivieron, -a lo largo de toda la era pre-industrial-, los proyectos de vida colectiva y la religión.

Las colectividades, además, utilizaron a la religión para dar una mayor credibilidad y garantía a sus proyectos y para impedir que nada ni nadie los alterara. Así llegaron a creer y sentir que los proyectos que ellos mismos, lentamente y casi inconscientemente habían construido, los habían recibido de Dios mismo. Así lo sintieron y así lo transmitieron.

Nosotros hemos tenido que aprender (todavía estamos en ello), que en realidad no fue así; nunca tuvimos proyectos de vida bajados del cielo, ni recibidos de Dios o sancionados por El. Y hemos tenido que aprender esta dura verdad con dolor, temor, susto y una inmensa perplejidad porque, en nuestras circunstancias, las cosas no podían continuar siendo como creyeron nuestros antepasados.

Nuestra perplejidad es tan grande, que todavía no nos hemos repuesto de ella. Nuestro susto y nuestro temor es, también, tan grande, que todavía nos impide reconocer lo que se ha hecho cultural y colectivamente evidente.

En nuestro tiempo, nos hemos visto forzados a tener que comprender que la religión no es ninguna solución para nada.

¿Qué ofrece, pues la religión?

La religión nos ofrece acceder a más dimensiones de la existencia; nos conduce a la gran dimensión; nos conduce a ampliar nuestro ser; a afinar nuestro discernir y sentir; a pacificar y serenar nuestro interior; la religión nos conduce a la ternura, al interés incondicional por todos y por todo, al amor.

La religión no es solución para nada porque es sólo un espíritu que hace de nosotros un nuevo ser. Hemos de ser nosotros, y sólo nosotros, los que, así ampliados, así vivificados por ese nuevo espíritu que no es letra - y por tanto tampoco solución-, los que construyamos, íntegramente, nuestros proyectos, modos de vivir, organizaciones, interpretaciones, sistemas de valores y moralidad. Sólo nosotros mismos damos la orientación a nuestra vida y la hacemos una vida con sentido o sin él.

Si cultivamos la religión, así entendida, podemos hacer un gran servicio a nuestros contemporáneos. Porque en el futuro, sólo los seres humanos construiremos nuestros proyectos de vida al paso del desarrollo acelerado de nuestras ciencias y tecnologías.

Las religiones no dan construcciones, dan espíritu a los constructores. Hemos de optar entre que "los constructores" de los proyectos colectivos y los "gerentes" de las ciencias y tecnologías tengan el espíritu de discernimiento, interés incondicional y ternura por todo lo que existe o que no lo tengan.

Hemos visto que la religión no es una solución hecha para la vida; pero es que tampoco es una solución para el problema de la muerte.

Si, en la nueva situación industrial, la religión no puede ser un proyecto para la vida, sino que es sólo una apertura e iniciación a otra dimensión de la existencia humana, la religión no puede tampoco estar ligada a un cuadro fijado de creencias.

Una sociedad móvil como la nuestra, una sociedad que vive de crear continuamente ciencia nueva -formas siempre renovadas de interpretar la realidad-, y de crear continuamente nuevas tecnologías -formas nuevas de trabajar y organizarse-, no puede aceptar ni vivir la religión como un sistema de creencias fijadas, ni como un sistema de valores y comportamientos fijados.

La razón es clara y evidente: los sistemas de creencias fijados están intrínsecamente relacionados con formas fijas e inalterables de interpretar la realidad y de valorarla y están intrínsecamente relacionados con modos fijados de organizarse, sentir y vivir.

Nada de eso nos es posible. Por tanto, si algo ha de ser para nosotros la religión, no puede ser un sistema fijado de creencias y modos de vida.

Si para la nueva sociedad, la religión no equivale a un sistema de cosas que hay que creer, entonces, de rebote, la religión no solventa directamente el problema de la muerte.

La religión no son unas creencias que atenúan o mitigan el miedo a la muerte, ni son tampoco, unas creencias que prometen otra vida.

La religión no es una dosis de morfina para mitigar el temor a la muerte ni un consuelo para los dolores, los sufrimientos y la muerte, con la promesa de otra vida más allá de la tumba.

Es cierto que la religión ha hecho ese papel psíquico y social de mitigar, atenuar y dar un cierto sentido a la muerte. Las religiones han hecho la muerte menos terrorífica para las sociedades humanas; han posibilitado que se pudiera mirar a la muerte cara a cara, con menos miedo y con más resignación y esperanza.

Eso fue así. Eso pudo ser así para sociedades estáticas porque ese tipo de sociedades "pudieron" ser sociedades de creencias. Pero eso ya no puede ser así para nosotros porque nosotros ya no podemos serlo. Por consiguiente, la religión ya no puede ejercer ese papel de lenitivo con respecto a la muerte.

Si desde esta nueva situación de la religión con respecto de la muerte, leemos a los viejos maestros y a las grandes tradiciones religiosas, podremos apreciar algo que nos había pasado casi desapercibido. La religión no mitiga la muerte, no la atenúa, no la hace "light", no la ladea ni la margina con una interpretación que le quite su terrible aguijón.

Veremos, en los textos que aduciremos, que los maestros de las tradiciones religiosas afrontan la muerte de cara y la asumen en toda su masiva densidad y en toda su radical realidad. Podríamos decir que los maestros beben la copa de la muerte hasta las heces. Sólo después de haber bebido la verdad de la muerte de un trago hasta el final, empieza a tener sentido hablar de la religión.

Las creencias de las sociedades agrarias sobre la vida de ultratumba y sobre la resurrección son más hijas de los modelos agrarios de interpretar la realidad que de la experiencia religiosa profunda. Podían creerse esas cosas, apoyados en los esquemas agrarios de interpretar toda realidad (para las sociedades agrarias, todo muere y resucita como los granos, las estaciones, los ciclos astrales, etc., sin que esas creencias tuvieran la menor base en la experiencia sagrada de la existencia, ni condujeran a ella.

Si las religiones no son, ni proporcionan, una solución para digerir la muerte, ¿qué tienen que ver con la muerte?

Porque lo que es cierto y evidente es que todas las tradiciones religiosas hablan larga e intensamente de la muerte.

Las tradiciones religiosas tienen un doble lenguaje con respecto a la muerte.

En primer lugar, todas las tradiciones religiosas usan el poder de la muerte para, con su fuerte impacto, desplazarnos de la manera que tenemos de ver, entender y sentir las realidades y a nosotros mismos en la vida cotidiana.

Los maestros sabios de las religiones utilizan la muerte como un ariete para quebrar las paredes de la burbuja con la que nos envolvemos en nuestra vida cotidiana.

Con la muerte, los maestros desplazan nuestro punto de perspectiva para ver y sentir la realidad: de verla y sentirla exclusivamente en función nuestra y de nuestras necesidades, a verla más allá de esa perspectiva egoísta.

La muerte es, pues, en manos de los maestros y de las tradiciones religiosas, un poderosísimo medio de iniciación a la visión y comprensión de la realidad desde otra perspectiva, la gratuita y sagrada.

La segunda manera que tienen los maestros de sabiduría de las tradiciones religiosas de hablar de la muerte tiene un sentido completamente distinto del anterior, aunque emparentado.

Hablan de otra forma de ver la muerte, esta vez desde la profundidad de la experiencia de la dimensión sagrada de la existencia. Desde esa dimensión tiene un sentido profundo y verdadero, decir que no hay muerte.

Dicen los maestros, sin excepción, que quienes sean capaces de perforar la burbuja de la cotidianidad que nuestra perspectiva egocéntrica construye, ya no verán a la muerte. Quien eso consiga se situará, dicen los maestros, allí donde no hay ya ni nacimiento ni muerte, donde hay sólo vida eterna. Se situarán en un lugar de gozo, un gozo tal que ningún temor a la muerte podrá empañar.

Quien pueda llegar a esa dimensión de la existencia, guiado por los maestros, sonreirá con la dulce y pacífica sonrisa del Buda o tendrá el "gozo completo" y "la vida eterna en sí mismo" de la que habla Jesús.

Los maestros y las grandes tradiciones hablan así de la muerte, no para que creamos esas cosas y perdamos el miedo a la muerte y nos podamos quedar en el mismo lugar en el que estábamos, sino para orientar nuestra indagación de la realidad de forma que lleguemos a verificar sus afirmaciones con respecto a la muerte.

Lo que en nuestra cultura debemos hacer al escuchar ese discurso de los maestros sobre la muerte es, no tanto creer lo que dicen, cuanto escucharlos con tal seriedad y tal entrega que podamos sentir y gustar lo que dicen, aunque sólo podamos asentir a lo que dicen oscuramente y en vislumbre.

Sólo en la medida en que nuestra transformación interior progrese y, por ello, nos hagamos capaces de ver, comprender y sentir esa otra dimensión de la existencia de la que habla la religión, verificaremos la certeza irrefutable de las afirmaciones de los maestros cuando dicen que no hay muerte, que hay vida eterna.

Pero ese ya no es un ámbito de creencia o increencia.

En resumen: en nuestras circunstancias culturales, las religiones nos incitan a utilizar la muerte, tal como es, sin mitigación ninguna, con todo su peso de aniquilación total, para desplazarnos a otro punto de ver y sentir.

Cuanto menos mitiguemos el poder de la muerte, más fuerza tendrá para desplazarnos.

Así es que no nos es preciso creer nada que la atenúe. La tomamos como todos nuestros contemporáneos, tal como viene, sin rehuirla, de frente. Creer cosas que quiten la agresividad a la muerte es quitarle su fuerza iniciática.

Las religiones nos incitan, también, a utilizar las afirmaciones de las tradiciones y de los maestros sabios de las tradiciones religiosas sobre la resurrección, la no-muerte, la vida eterna, para orientar nuestra indagación de lo que hay que llegar a ver, aquí mismo, sin negar la realidad inevitable de la muerte sino usándola para que nos permita verificar el sentido simbólico, profundo y cierto de las grandes afirmaciones sobre la muerte de las tradiciones religiosas.

TEXTOS

En el pasado, la religión, además de su papel estrictamente religioso, desempeñaba funciones culturales y sociales.

Para ejercer esas funciones sociales ofrecía soluciones para la vida colectiva a través de las creencias, los valores y organizaciones que promovía. Pero para desempeñar este servicio cultural y social no se requiere lo que conduce a la transformación interior y a la experiencia del Uno. Así, lo que en un origen era, a la vez, experiencia religiosa y creencia programática, tendía a transformarse en sólo un cuadro de creencias colectivas.

Esencialmente la religión tiene dos funciones, que se han vuelto confusas en todos los sistemas sobrevivientes porque los teóricos públicos más visibles y activos carecen de conocimiento especializado: la primera es organizar al ser humano de una manera segura, justa y apacible, para establecer y ayudar a mantener las comunidades. La segunda es el aspecto interior, el cual conduce a la gente, desde la estabilización externa a las prácticas que les despiertan y les ayudan a adquirir la permanencia.[67]

Hay hombres que no ven, pero creen muchas cosas. Siguen los Vedas al pie de la letra y dicen: "no hay nada más que esto".

Su alma está llena de deseos egoístas y su cielo es un deseo egoísta. Tienen plegarias para el placer y el poder y la recompensa que esperan es un renacimiento terrenal.

Los que aman el placer y el poder, escuchan y siguen sus palabras, pero no tienen jamás la determinación de ser uno con el Uno.[68]

67. Ustad Hilmi. En: Shah, Idries. *Pensadores de Oriente.* pg 222.
68. *Bhagavad Gita. II,* 42-44.

En nuestras circunstancias culturales, la religión no puede usarse para taponar y suplir nuestra ignorancia, eso sería condenarla a la muerte a medio plazo.

...qué error tan grande utilizar a Dios para tapar los agujeros de nuestra falta de conocimientos. Lo situamos como explicador de nuestras ignorancias. Y en la medida en que ampliamos las fronteras de nuestro conocimiento, Dios va quedando más y más arrinconado. Tenemos que buscar a Dios en lo que conocemos y no en lo que ignoramos, no en los problemas sin solventar sino en los que ya hemos podido resolver. Y me refiero tanto a los conocimientos científicos como a problemas tales como el sufrimiento y la muerte.

Si utilizamos a Dios como solventador de problemas, pronto le habremos dejado fuera del mapa. Es absurdo decir que la religión o el cristianismo tiene las respuestas. Las respuestas las hemos de buscar con todas nuestras capacidades. Y a Dios le hemos de buscar no en la muerte, sino en el centro mismo de la vida, en la salud y en la acción, no sólo en el sufrimiento.[69]

Lo que ofrecen las religiones no son explicaciones; por el contrario, nos conducen a otro nivel de conocimiento, el conocimiento silencioso donde ya no caben las explicaciones. Por desmesurado que nos pueda parecer, el conocimiento sin explicaciones, el conocimiento silencioso, el que no divide ni dualiza, es nuestra manera propia de pensar.

Dicen los maestros que pensar desde la dualidad del ego y los objetos no es nuestra verdadera naturaleza.

Si insistes en entender, no estás tomando en cuenta todo lo que te corresponde como ser humano.

No hay nada que entender. El entendimiento es sólo un asunto pequeño, pequeñísimo.[70]

...pensar no es vuestra verdadera naturaleza.

Lo mental no es más que una masa de pensamientos. Los pensamientos surgen porque hay un pensador, es decir, un yo, un ego. Si se busca al ego,

---

69. Bonhoeffer, Dietrich: *Letters & Papers form prison.* pg.104.
70. Castaneda, Carlos: *Una realidad aparte.* 296 y 299.

desaparece automáticamente. El yo y lo mental son la misma cosa. El ego es la raíz misma de donde surgen todos los pensamientos.

El intelecto no es más que un agregado de diversos factores.

Hay que acceder a un conocimiento que ya no nace de un yo y que es, además, un conocer-sentir.

Cuando se parte a la búsqueda de la fuente del "yo" se descubre que no queda más que el "Yo" primordial.[71]

La parte más difícil del camino del guerrero es darse cuenta de que el mundo es un sentir.[72]

Cuando uno conoce, y ya no desde un yo, todo se vuelve nada, toda consistencia se diluye.

Nada es ya familiar. ¡Todo lo que miras se vuelve nada!

-No me "viste", porque no me volví nada ante tus ojos

-¿Desaparecen las cosas? ¿Cómo se vuelven nada?

-Las cosas no desaparecen. No se pierden, si eso es lo que quieres decir; simplemente se vuelven nada y sin embargo siguen estando allí.[73]

Lo que ofrecen las tradiciones religiosas no son soluciones, ni proyectos de vida bajados del cielo y acreditados por Dios; lo que ofrecen son sólo estrategias para salirse del juego de la rutina de la cotidianidad y de la dualidad y llegar a ver el "misterio" aquí mismo.

La vida para un guerrero es un ejercicio de estrategia. Pero tú quieres hallar el significado de la vida. A un guerrero no le importan los significados.[74]

Mi interés ha sido convencerte de que debes hacerte responsable por estar aquí, en este maravilloso mundo, en este maravilloso desierto, en este

---

71. Ramana Maharshi: *L'enseignement de..* pgs. 141, 149, 163,171.

72. Castaneda, Carlos: *Viaje a Ixtland.* pg. 268.

73. Castaneda, Carlos: *Una realidad aparte.* pg.209

74. Castaneda, Carlos: *Una realidad aparte.* pgs.184-185.

maravilloso tiempo. Quise convencerte de que debes aprender a hacer que cada acto cuente, pues vas a estar aquí sólo un rato corto, de hecho, muy corto para presenciar todas las maravillas que existen.

Hay una cosa sencilla que anda mal contigo: crees tener mucho tiempo- dijo.

-¿Mucho tiempo para qué, don Juan?

-Crees que tu vida va a durar para siempre... Lo que te recomiendo que hagas es notar que no tenemos ninguna seguridad de que nuestras vidas van a seguir indefinidamente... No tienes tiempo, esa es la desgracia de los seres humanos. Ninguno de nosotros tiene tiempo suficiente, y tu continuidad no tiene sentido en este mundo de pavor y misterio.

Tu continuidad sólo te hace tímido. Tus actos no pueden de ninguna manera tener el gusto, el poder, la fuerza irresistible de los actos realizados por un hombre que sabe que está librando su última batalla sobre la tierra. En otras palabras, tu continuidad no te hace feliz ni poderoso.[75]

Hay que salirse, aquí mismo, del juego de "la gran construcción": la que proyecta nuestra necesidad de vivientes y las acciones que la necesidad desencadena en todo lo que nos rodea y en nosotros mismos.

Sabe, Rama, que el mundo, con su curso circular, es la gran rueda; y el corazón humano su cubo o su eje, el cual, debido a su continua rotación, produce toda esta ilusión dentro de su circunferencia. Si con tu valiente esfuerzo eres capaz de parar ese movimiento de tu corazón, detendrás al mismo tiempo la rotación de la órbita de la ilusión.

Los sabios han llamado escenario mágico (maya) a nuestra conciencia del mundo, designándola como aparición de ignorancia, simple idea, y causa y efecto de nuestras acciones.

Sabe que es el alma embaucadora quien desarrolla al mundo visible ante ti; desempáñala, pues.

Al igual que al liberarse del imaginario temor de un tigre en la selva se reencuentra el reposo interior, así, profundizando en tu búsqueda,

---

75. Castaneda, Carlos: *Viaje a Ixtlan.* pgs. 122-126.

descubrirás que no existe cautividad en el mundo: las nociones "ese es el mundo" y "este soy yo" no son más que errores del alma.[76]

Lo que las tradiciones religiosas y los maestros pretenden es liberarnos de toda nuestra construcción, no proveernos de otra construcción bajada del cielo a la que debamos someternos.

Los maestros pretenden conducirnos de la pluralidad de nuestra construcción, a la experiencia del Uno; no pretenden convertirnos de una construcción forjada por los humanos a otra supuestamente construida por Dios.

La primera tarea de un maestro es introducir la idea de que el mundo que creemos ver no es más que una imagen, una descripción del mundo. Cada esfuerzo del maestro está destinado a probarle esto al aprendiz. Pero hacer que lo acepte es una de las cosas más difíciles; cada uno de nosotros está atrapado, con satisfacción en su propia representación del mundo; esta nos empuja a sentir y actuar como si conociéramos verdaderamente alguna cosa del mundo. Un maestro, desde el primer acto que realiza, apunta a poner fin a esa representación. Los brujos llaman a esto interrumpir el diálogo interior, y están convencidos que es la sola técnica y la más importante, que hay que enseñar al aprendiz.

Cada vez que el diálogo cesa, el mundo se desvanece y facetas extraordinarias de nuestra personalidad salen a la superficie, como si hubiesen estado profundamente guardadas por nuestras palabras. Tú eres como eres porque te dices a ti mismo que eres así.[77]

La experiencia y la visión de la "unidad", donde confluyen lo que hay de este lado de la frontera -lo que es la construcción de nuestra necesidad- con el otro lado de la frontera -lo que ya no es nuestra construcción-, no es un programa, una norma

---

76. Valmiki. *El mundo está en el alma.* pgs. 27, 38, 39.
77. Castaneda, Carlos: *Relatos de poder.* pg. 50, 52.

de vida capaz de organizar nuestra cotidianidad de vivientes necesitados.

El Brahman no es sólo "nirguna", de ninguna manera, sino también "sarvaguna", de todas maneras; y se salva -alcanza el Nirvana, conoce a Brahman- quien ve que éstas son una y la misma cosa, que ambos mundos son uno solo.[78]

La religión no pretende ser la solución para los misterios de la existencia. La religión se esfuerza por comunicar lo incomunicable porque ha de hablar de lo que no se puede hablar; la religión pretende desplazar nuestro conocer y nuestro sentir de la perspectiva exclusiva de la necesidad y de la cotidianidad, no pretende responder a los problemas y cuestiones que en esa vida de necesidades se generan.

Mas si alguien dijera: no estoy deseoso de llevar la vida de discípulo bajo el Perfecto, a no ser que el Perfecto me diga si el mundo es eterno o temporal; si el mundo es finito o infinito; si la personalidad es idéntica al cuerpo, o si la personalidad es una cosa y el cuerpo otra; si el Perfecto sigue existiendo después de la muerte o si no sigue existiendo después de la muerte. Tal persona, Hermanos, morirá antes que el Perfecto pueda decirle todo esto.

Es, Hermanos, como si un hombre fuese atravesado por una flecha emponzoñada, y sus amigos, compañeros y allegados llamaran a un cirujano, y él dijera, "no quiero que me saquen esta flecha mientras no conozca al hombre que me hirió; mientras no sepa si es de casta real o de casta sacerdotal, un ciudadano o un sirviente"; o dijera, "no me dejaré arrancar esta flecha mientras no conozca al hombre que me ha herido; cuál es su nombre y a qué familia pertenece"; o dijera, "no me dejaré arrancar esta flecha mientras no conozca al hombre que me ha herido; si es alto o es bajo, o de estatura media"; de cierto, Hermanos, tal hombre morirá antes que pueda llegar a conocer todo esto.

¡Oh, si el hombre que busca su bienestar pudiera arrancar esta flecha -esta flecha de lamentación, de dolor y pena!

---

78. Coomaraswamy, A. K. *Bhuddha y el evangelio del budismo.* pg. 148.

Pues ya sea que existan o no estas teorías: "El mundo es eterno", "el mundo es temporal", "el mundo es finito", "el mundo es infinito", ciertamente hay nacimiento, hay decaimiento, hay muerte, pena, lamentación, sufrimiento, pesar, y desesperación, cuya cesación, alcanzable aún en esta vida presente, os hago conocer.[79]

Por consiguiente, Mâlunkyaputta, conserva en tu espíritu lo que he explicado como lo he explicado y lo que no he explicado como no-explicado. ¿Qué cosas son las que he explicado? Si este universo es eterno o no lo es, etc... no lo he explicado. ¿Por qué, Mâlunkyaputta, no las he explicado? Porque esto no es útil, porque esto no está fundamentalmente ligado a la vida santa y espiritual, porque esto no conduce a la aversión, al desapego, a la cesación, a la tranquilidad, a la penetración profunda, a la realización completa, al Nirvana. Es por eso que yo no las he explicado.

¿Entonces, Mâlunkyaputta, que he explicado? He explicado dukkha (el dolor), el nacimiento de dukkha (del dolor), la cesación de dukkha y el camino que conduce a la cesación de dukkha. ¿Por qué, Mâlunkyaputta, he explicado estas cosas? Porque es útil, porque está fundamentalmente ligado a la vida santa y espiritual, porque conduce a la aversión, al desapego a la cesación, a la tranquilidad, a la penetración profunda, a la realización completa, al Nirvana. Es por eso que las he explicado.[80]

He aquí cómo debe comunicarse Aquello:
Cuando los relámpagos se han desencadenado, ¡a-a-ah!
Cuando nos han hecho cerrar los ojos, ¡a-a-ah!
Mirad, ya se ha dicho bastante sobre la Divinidad.[81]

Si le dicen: "¿Eres o no eres; tienes o no el sentimiento de la existencia; estás en el centro o no lo estás, o estás en el borde: estás visible o escondido: eres perecedero o inmortal: eres lo uno y lo otro o no eres ni lo uno ni lo otro: en fin, ¿existes o no existes?" responderá positivamente: "Yo no sé nada de eso, lo ignoro y me ignoro a mí mismo. Estoy enamorado, pero no sé que quién;

---

79. En: Humphreys, Ch. *La sabiduría del budismo.* pgs. 70-71.
80. En: Walpola Rahula. *L'enseignement du Bouddha.* Pgs. 35-36.
81. Kena-Upanishad.

no soy ni fiel ni infiel. ¿Qué soy, pues?" Incluso ignoro mi amor; tengo el corazón lleno y al mismo tiempo vacío de amor.[82]

La maldición con vosotros que intentáis describirle.[83]

Lo que sin dar ninguna solución solventa todo problema es una luz oscura y una certeza que, porque es certeza de todo, es una proximidad y no un programa de vida.

...el que contempla "penetra, más allá de toda imagen, por bella y rica que sea, en el inefable estado de conciencia que los místicos llaman Contemplación Desnuda - por haberse despojado de todo el ropaje con que la razón e imaginación revisten tanto a nuestros demonios como a nuestros dioses-, allí donde el hambre y la sed de nuestro corazón quedan satisfechas y donde adquirimos por fin la certeza total de la realidad suprema. Esta certeza no es la fría conclusión de un razonamiento hábil. Es más bien la aprehensión final de Algo que sentíamos junto a nosotros y nos fascinaba, de lo indeciblemente sencillo, por constituir la solución completa y exhaustiva de todos los enigmas de la vida".[84]

El Maestro Kassan dice: "Si Buda existe en la vida y en la muerte, vida y muerte no existen".[85]

Las tradiciones conducen a la visión, no a soluciones o programas.

Hay que recordar que lo que se enseña es la "visión" y no el "razonamiento" o la "argumentación" lógica.[86]

Yo llamo brahmán a aquel para quien no existen ni esta orilla ni la otra y está libre de temores y de apegos.[87]

82. Attar, Farid Uddin. *El lenguaje de los pajaros.* pg.251.
83. Akhbar al-Hallaj. pg. 137.
84. Humphreys Ch. *Concentración y meditación.* pgs. 172-173.
85. Yoka *Daishi, Shodoka.* pg.119.
86. Suzuki, D.T. *Essais sur le Bouddhisme zen.* Troisième série. pg.266
87. *Dhammapada. XXVI*, 385.

Yo llamo brahmán a aquel en quien no existen deseos con miras a este mundo o con miras al otro, que no depende de nada y está libre de apegos.[88]

El mundo se revela completamente puro, desapegado, inaccesible, liberado de todo pensamiento de un ego y, por consiguiente, lugar de paz y de felicidad.[89]

Ignoramos la grandeza eminente de la gloria de la cual participamos. Llegamos a no saber lo que somos, lo que hemos llegado a ser al hacernos hijos de Dios, hijos de la luz... Y permanecemos muertos hasta la hora de nuestro fin, sin vivir en Cristo ni ser movidos por Él. Y "lo que tenemos" a la hora del tránsito y del juicio "nos será quitado" a causa de nuestra incredulidad, por no haber comprendido que los hijos han de ser semejantes al Padre, dioses como Dios, espíritus nacidos del Espíritu.[90]

...digamos ser la Divinidad como un muy claro Diamante muy mayor que todo el mundo, u espejo, salvo que es por tan más subida manera que yo no lo sabré encarecer; y que todo lo que hacemos se ve en este diamante, siendo de manera que él encierra todo en sí, porque no hay nada que salga fuera de esta grandeza.[91]

Las tradiciones religiosas no suavizan o mitigan la muerte, no la anulan con sus promesas de supervivencia; la asumen con la totalidad de su peso, en toda su masividad indiscutible y sin resquicio.

Las tradiciones religiosas utilizan estratégicamente a la muerte para conducir a un conocimiento-sentir que es paz y gozo precisamente porque asumen la muerte lúcidamente y sin paliativos. Así pues, las religiones no ahorran a la humanidad enfrentarse con la muerte, por el contrario, afrontarla en toda su irremediable verdad es el comienzo de la sabiduría.

---

88. *Dhammapada. XXVI*, 410.
89. Suzuki, D.T. *Essais sur le Bouddhisme zen.* Troisième série. pg.284
90. Gregorio el Sinaita. En: *Filocalia dels Sants Pares.* pg.144.
91. Sta. Teresa de Jesús. *Libro de la vida*, cap. 40, 10.

Se insiste en que el hecho diferencial del cristianismo es la proclamación de la resurrección, entendiendo ésta para cuando se ha traspasado la frontera de la muerte: salvación de nuestras necesidades y de nuestros temores, salvación de la muerte en un mundo mejor en la ultratumba. Es un error grave y un peligro. ¿Es esta la resurrección de la que habla el Evangelio? Estoy seguro de que no. La esperanza de resurrección del Evangelio es la que vuelve al hombre al seno de la vida, en esta tierra, de una manera totalmente diferente. [92]

Tampoco es la religión una solución para los que están muertos y, desde esa creencia, un consuelo para los que todavía viven.

La verdadera religión no es para los muertos. La verdadera religión es viviente y va dirigida a los vivos. Sólo "aquí y ahora" es importante. [93]

La religión habla a los vivos con urgencia porque el tiempo es corto; la muerte nos viene cazando. La muerte como cazadora implacable despierta el espíritu.

¡Oh tú que buscas el misterio! Intenta descubrirlo antes de que la vida te sea arrebatada; pues si estando vivo no lo encuentras por ti mismo, ¿cómo conocerás cuando mueras el secreto de tu existencia? [94]

Piensa ahora en tu muerte -dijo don Juan de pronto-. Está al alcance de tu brazo. Puede tocarte en cualquier momento, así que de veras no tienes tiempo para pensamientos y humores de cagada. Ninguno de nosotros tiene tiempo para eso.

(...)

Mírame a mí -dijo-. Yo no tengo duda ni remordimiento. Todo cuanto hago es mi decisión y mi responsabilidad. La cosa más simple que haga, llevarte a caminar por el desierto, por ejemplo, puede muy bien significar mi muerte.

---

92. Bonhoeffer, Dietrich: *Letters & Papers from prison.* pg. 112.
93. Deshimaru, Taisen. *El canto del inmediato satori.* pg. 164.
94. Attar, Farid Udine: *Le livre divine.* pg. 149.

La muerte me acecha. Por eso, no tengo lugar para dudas ni remordimientos. Si tengo que morir como resultado de sacarte a caminar, entonces debo morir.

Tú, en cambio, te sientes inmortal y las decisiones de un inmortal pueden cancelarse o lamentarse o dudarse. En un mundo donde la muerte es el cazador, no hay tiempo para lamentos ni dudas, amigo mío. Sólo hay tiempo para decisiones.

(...)

No importa cuál sea la decisión -dijo él- Nada podría ser más ni menos serio que ninguna otra cosa. ¿No ves? En un mundo donde la muerte es el cazador no hay decisiones grandes ni pequeñas. Sólo hay decisiones que hacemos a la vista de nuestra muerte inevitable.[95]

No es natural vivir con la idea constante de nuestra muerte, le dije a don Juan.

Nuestra muerte espera, y este mismo acto que estamos realizando ahora puede muy bien ser nuestra última batalla sobre la tierra-respondió en tono solemne-. La llamo batalla porque es una lucha. La mayoría de la gente pasa de acto a acto sin luchar ni pensar. Un cazador, al contrario, evalúa cada acto; y como tiene un conocimiento íntimo de su muerte, procede con juicio, como si cada acto fuera su última batalla. Sólo un imbécil dejaría de notar la ventaja que un cazador tiene sobre sus semejantes. Un cazador da a su última batalla el respeto que merece. Es natural que su último acto sobre tierra se lo mejor de sí mismo. Así es placentero. Le quita el filo al temor.[96]

Tu razón te está diciendo otra vez que eres inmortal -dijo.

¿Qué quiere usted decir con eso, don Juan?

Un ser inmortal tiene todo el tiempo del mundo para dudas y desconciertos y temores. Un guerrero, en cambio, no puede aferrarse a los significados que se hacen bajo las órdenes del tonal (vida cotidiana), porque el guerrero sabe con certeza que la totalidad de sí mismo tiene sólo un poquito de tiempo sobre esta tierra...

---

95. Castaneda, Carlos: *Viaje a Ixtlan.* pgs 68,74.
96. Castaneda, Carlos: *Viaje a Ixtlan.* pgs 127-128.

Para un guerrero sólo hay tiempo para su impecabilidad; todo lo demás agota su poder, la impecabilidad lo renueva. La clave de todos estos asuntos de impecabilidad es el sentido de tener o no tener tiempo. Por regla general, cuando te sientes y actúas como un ser inmortal que tiene todo el tiempo del mundo, no eres impecable; en esos momentos debes volverte, mirar alrededor tuyo, y entonces te darás cuenta de que tu sentimiento de tener tiempo es una idiotez. ¡No hay sobrevivientes en esta tierra! [97]

Si no tienes en cuenta a la muerte, todo es ordinario, trivial. Sólo porque la muerte nos anda al acecho es el mundo un misterio sin principio ni fin. [98]

La muerte completa, total, sin resquicio, es la humildad completa, total. A los maestros no les apura aceptar la muerte total de nuestra humilde condición de animales; esa conciencia no les aparta del conocimiento, sino que les conduce a él.

Este planteo de completa aceptación de la muerte es de una importancia capital para las perspectivas culturales de las nuevas sociedades dinámicas, sin creencias con respecto a la ultratumba.

El orgullo del corazón debe ser aniquilado y se ha de apurar la copa de la humildad hasta las heces. [99]

Oh bhikkhus, cuando ni un Yo ni algo perteneciente al Yo puede ser hallado verdaderamente y con certeza, esta opinión especulativa: "El universo es el alma; eso seré después de la muerte, permanente, imperecedero, inmutable y como tal existiré eternamente: -¿no es acaso total y completamente insensata? [100]

...la idea de una sustancia permanente e inmortal en el hombre, tanto interior cuanto exteriormente, llámese Átman, Yo, alma o ego, es considerada como

97. Castaneda, Carlos: *Relatos de poder.* pg 260.
98. Castaneda, Carlos: *Relatos de poder.* pg. 154.
99. Suzuki, D.T.: *Introducción al budismo zen.* 189.
100. Rahula, Walpola. *Lo que el Buddha enseñó.* pg. 85.

una creencia falsa, una proyección mental. Esta es la doctrina buddhista del anatta, la inexistencia del alma o no-yo. [101]

Cuando uno es capaz de reconocer, algo que es más duro que la completa aceptación de la masividad sin resquicio de la muerte, que no hay verdaderamente nadie en el cosmos es cuando puede verse lo que hay. Entonces, y sólo entonces, puede comprenderse lo inconcebible. Nada, absolutamente nada, subsiste excepto El.

Ananda: -¿Cómo ve el mundo el Bienaventurado?
Buda: -¡Vacío y maravilloso! [102]

El camino no es más que un solo paso: Da un paso fuera de ti mismo para llegar a Dios. Irse de sí mismo es darse cuenta que no existe este uno mismo, y que no existe nada, salvo Dios. [103]

La enseñanza
parecida al rugido del león,
carece de miedo.[104]

¡Gallardas flores, si pudiera ser tan valiente
y ser tan poco vano como vosotras!
Aparecéis y dais un inocente espectáculo,
y retornáis a vuestros lechos de tierra.
No sois orgullosas, conocéis vuestro linaje,
pues vuestros bordados vestidos son de la tierra.

Vosotras obedecéis vuestros meses y estaciones, pero yo
querría que siempre fuera primavera:
Mi destino no conocería el invierno, jamás moriría,
ni pensaría en cosa tal.
¡Oh si pudiera sólo ver mi lecho de tierra
y sonreír, y parecer tan alegre como vosotras! [105]

101. Rahula, Walpola: *Lo que el Buddha enseñó*. Pg. 81.
102. Houa-T'eou: *Initiation aux bouddhismes Tch'an et T'ien-T'ai*. Pg. 7
103. Vitray-Meyerovitch, Eva de : *Rumi et le soufisme*. Pg. 162.
104. Yoka Daishi. *Shodoka*. pg.240.
105. Coomaraswamy, A.K.: *Buddha y el evangelio del budismo*. Pg. 182.

He muerto como mineral para hacerme planta, y he muerto como planta y rosa, para hacerme animal, y he muerto como animal para hacerme hombre. ¿Por qué temer? ¿Cuándo la muerte me produjo mengua?

Una vez más moriré como hombre para remontarme a la bienaventuranza angélica; pero también trascenderé al ángel y seguiré mi sendero: Todo, excepto Dios perece.

Cuando haya sacrificado mi alma angélica, me convertiré en lo que el pensamiento no puede concebir. Ojalá deje de existir, porque la inexistencia, proclama con melodías de órgano: Nosotros volveremos a Dios.[106]

Si mueres antes de morir, aunque no sea más que un instante, en ese instante te verás señor del universo.[107]

No hay más que una entrada a esta vía: pensar en su yo es peor que el politeísmo, peor que todo otro pecado.[108]

Los santos que alcanzaron la felicidad vieron en toda cosa la nada.[109]

¡No invoques, al lado de Dios, a otro dios! ¡No hay dios sino El! Toda cosa, menos su faz, es perecedera. ¡A El pertenece la sabiduría! ¡A El seréis devueltos![110]

Aquí, como allí, no hay nada que subsista.[111]

Puesto que nada subsiste, no hay nada que hacer, nada que conseguir. Nada puede preocuparnos.

Si en el fondo de sí mismo no está la inocupación, todo es ignorancia y confusión.[112]

Si vosotros, estudiantes del Sendero, deseáis ser Budas, no necesitáis estudiar

---

106. Rumi. En: Nicholson, R. A. *Los místicos del Islam.* Pg. 146.
107. Attar, Farid Udine: *Le livre divin.* Pg. 39.
108. Attar, Farid Udine: *Le livre divin.* Pg. 240.
109. Attar, Farid Udine: *Le livre divin.* Pg. 242.
110. *Corán: XXVIII,* 88.
111. Houa-T'eou: *Initiation aux Bouddhismes Tch'an et T'ien-T'ai.* Pg.216
112. Houa-T'eou: *Initiation aux bouddhismes Tch'an et T'ien-T'ai.* Pg.199

doctrina alguna, sino sólo aprender a evitar la búsqueda de cosa alguna y el apego a cualquier cosa que sea.[113]

Más vale la vida, aunque dure un solo día, del hombre que toma conciencia de que todo nace y todo perece, que la vida, aunque dure cien años, del hombre que no toma conciencia de que todo nace y todo perece.[114]

Cuando, llegando al conocimiento, ve que todas las cosas carecen de existencia propia, entonces se harta del sufrimiento; es el camino de la purificación.[115]

Si podéis, recordad constantemente la muerte. Este recuerdo es la causa en nosotros de la exclusión de toda preocupación vana... en realidad, toda virtud efectiva nace de este recuerdo.[116]

¡Oh, esta hija de Adán; el recuerdo de la muerte: cómo he deseado tenerla siempre por compañera, descansar cerca de ella, ¡conversar con ella! [117]

Cuando ya no queda nada, El aparece, el amigo del humilde y del pobre.

Me vi a mí mismo, con mis propios ojos, clarísimamente;
pero cuando comencé a mirar con los Ojos de Dios,
sólo a Dios vi.
Y me desvanecí en la nada; me derretí,
sólo vi a Dios.[118]

Si quieres estar perdido, lo estarás en un momento, después estarás de una segunda forma; pero no obstante marcha tranquilamente hasta que llegues al reino del aniquilamiento. Si posees la punta de un cabello en este mundo, no tendrás ninguna noticia de aquel mundo. Si te queda el menor egoísmo, los siete océanos estarán para ti llenos de desgracias.[119]

---

113 Blofeld, John: *Enseñanzas zen de Huang* Po. Pg. 55.

114..*Dhammapada. VIII*, 113.

115. *Dhammapada. XX*, 279.

116. Hesiquio de Batos. En: *Filocalia dels Sants Pares*. Pg. 53.

117. Filoteo el Sinaita. En: *Filocalia dels Sants Pares*. Pg. 52.

118. Baba Kuhi de Schiraz. En: Guraieb, J.E.: *El sufismo en el cristianismo y el islam*. Pg.121.

119. Attar, Farid Uddin. *El lenguaje de los pájaros*. Pg.261.

El tesoro se encuentra entre las ruinas, el perro continuará siendo perro en los lugares prósperos.[120]

Mawlana dijo: "La ciencia que puede adquirirse en este mundo concierne a los cuerpos; la que puede obtenerse después de la muerte ("morir antes de morir") concierne a la religión."[121]

Cuando ya no queda nada ni nadie, cuando sólo le reconocemos a El, es el gozo y el amor.

Uniros a mí y salid de vosotros mismos, a fin de que "Yo" me convierta en vuestro "yo". Y salid de vuestra existencia a fin de que Mi existencia sea vuestra existencia. Pues, "cuando amo a mi siervo, me convierto para él en oído, ojo, lengua y mano".[122]

"Si nos buscas, búscanos en el gozo, porque somos los habitantes del reino del gozo". Incluso la muerte misma debe ser un motivo de alegría.[123]

El corazón entristecido no es verdaderamente un corazón, delante de su rostro que ilumina el gozo infinito.[124]

No hay lugar para dos "Yo" delante de Dios. Tú dices "Yo" y El dice "Yo"; o bien mueres tú o bien El debe morir frente a ti a fin de que toda dualidad desaparezca. Sin embargo, El no puede morir, ni objetiva ni subjetivamente, ya que "El es el viviente, el que no muere jamás". Tanta es su gracia que, si le fuera posible morir, lo haría por ti, pero, dado que su muerte es imposible, muere tú mismo, a fin de que El se manifieste en ti y se elimine la dualidad.[125]

No hay muerte, ni nacimiento, ni camino.[126]

120. Rumi, Djalal-od-din : *Fihi-ma-fihi.* Pg. 159.
121. Rumi, Djalal-od-din: *Fihi-ma-fihi.* Pg. 270.
122. Valad, Sultan. *Maitre et disciple.* Pg. 53.
123. Vitray-Meyerovitch, Eva de: *Rumi et le soufisme.* Pg. 59.
124. Rumi: *Odes Mystiques.* n.365.
125. Rumi, Djalal-od-din: *Fihi-ma-fihi.* Pg. 44.
126. Suzuki, D.T.: *Le non-mental selon la pensee zen.* Pg. 107.

3. EL PROCESO RELIGIOSO COMO REFINA-MIENTO DEL CONOCIMIENTO Y DE LA SENSIBILIDAD

Los seres humanos somos unos vivientes necesitados. Somos unos seres que precisamos depredar el entorno para mantenernos vivos. Como depredadores que somos, tenemos que vivir de matar y destruir.

El mundo que vivimos y que sentimos es nuestro campo de caza. Nos vemos forzados, irremisiblemente concebir y sentir el mundo que nos rodea y a nosotros mismos como el campo de caza de un cazador.

Nuestros procesos culturales han sofisticado mucho el campo de caza y la actuación del cazador, pero, en definitiva, no han transformado, en lo más mínimo, nuestra condición, ni pueden ni deben hacerlo. Por más complejo que hagamos nuestro mundo y nuestra actuación, siempre será el campo de caza de un cazador.

Esta es nuestra condición y, en sí, no tiene nada de malo o de indigno. Esta es nuestra condición y nuestro destino: vivir depredando, subsistir matando y destruyendo.

Además, somos los superdepredadores de la tierra. Estamos en la cúspide jerárquica de todas las especies depredadoras. Somos, por añadidura, unos depredadores culturales. Utilizamos nuestras creaciones culturales para depredar con más eficacia. Y ¡qué eficaces hemos llegado a ser en esa nuestra capacidad de matar y destruir! Todas las especies vivientes del planeta y la tierra misma están en riesgo de supervivencia a causa de la presión creciente de nuestra acción depredadora.

Esta es nuestra condición; reconocerla y aceptarla es la base de cualquier otra construcción o dimensión del conocer y sentir a la que los humanos podamos tener acceso. Esa es la base donde necesariamente hacemos pie. Negarla o revelarse contra ella sería negar nuestra condición y caer en el vacío de la irrealidad.

Lo que un viviente así de necesitado y depredador conoce y siente, no tiene nada de sutil.

Sin embargo, según el testimonio de todas las tradiciones religiosas y de todos los maestros de las tradiciones religiosas, esa nuestra condición en el conocer, percibir y sentir, no es nuestra única posibilidad.

Tenemos otra posibilidad, verdaderamente increíble para un depredador: tenemos la capacidad de percibir, conocer y sentir todo lo que nos rodea y a nosotros mismos de otra forma que ya no es la propia de un grupo de cazadores en un campo de caza; tenemos la posibilidad de conocer y sentir desde la más completa gratuidad. Podemos conocer la totalidad de la realidad y podemos sentirla sin buscar nada en ella.

Aunque nos resulte increíble, los maestros lo testifican universalmente: podemos conmovernos hasta la última fibra de nuestro ser, y conmovidos conocer lo que nos rodea y a nosotros mismos, sin que esa conmoción y ese conocimiento nos comporte ningún beneficio; sin que de esa conmoción y conocimiento pretendamos conseguir nada. Podemos conmovernos profundamente y amar y conocer todo lo que hay como puros testigos desinteresados.

Dicho en otros términos:

Podemos conocer, percibir y sentir más allá de nuestra condición básica, fundamental e irrenunciable de depredadores en un campo de caza.

Podemos ser, también, luz vibrante frente a toda esta maravilla que nos rodea.

Podemos ser calor que se transforma en luz frente al esplendor que nos rodea.

Cuando un viviente necesitado, estructurado para vivir de matar y depredar, aprende a conocer y sentir así, su conocer y su sentir se hace sutil, etéreo.

Cuando un viviente así aprende a conocer y sentir con esa gratuidad y desinterés, decimos que se ha espiritualizado, es decir, que se ha hecho tan inasible como el aire.

Para un viviente necesitado, lo que no tiene una relación directa o indirecta con sus necesidades, es como si no existiera. Todo lo que se sitúa más allá de los parámetros de realidad y valor que construye su necesidad, es huidizo, es sutil, es como si no fuera.

Cuando aprende a conocer y sentir gratuitamente, se hace capaz de conocer y sentir lo que es "nada" para su necesidad, lo que no tiene nada que ver con su mundo de realidad.

Así hablan los maestros:

Somos capaces de conocer, como testigos imparciales, eso que ahí hay y viene.

Somos capaces de percibir y sentir todo eso que ahí viene y no porque tenga que ver con mi condición.

Puedo sentir todo eso de ahí sin que lo sienta desde el núcleo de mis intereses y necesidades.

Puedo conocer y sentir sin la referencia a un yo.

Puedo acceder a un profundo conocimiento conmovido y lleno de amor, como puro testigo impersonal.

En nuestra vida cotidiana, nuestro conocer y sentir se hace siempre desde el punto de referencia de nuestro propio yo, nuestro ego. Así es que nuestro conocimiento de la realidad, lo que percibimos y sentimos de ella, es estructuralmente egoísta.

¿En qué consiste ese centro de referencia que constituye nuestro ego?

Nuestro ego es un punto que se desplaza en el tiempo y en el espacio, un núcleo que es una estructura de necesidades. Todo lo que no es el yo, ese núcleo de necesidades es el campo de caza del yo, el lugar donde satisface sus necesidades.

El mundo que estructura nuestra percepción, el que articula nuestro conocimiento y nuestro sentir, es como un gran círculo cuyo centro es el ego. Todo se estructura con relación a ese centro.

Nuestro yo es como una casa en el centro del círculo.

En nuestra vida cotidiana sólo salimos de casa a cazar; y cuando salimos es para volver otra vez a casa con una pieza al hombro.

Nuestro mundo es exclusivamente un campo de caza; y toda nuestra salida a ese mundo con la percepción, el conocimiento o el sentimiento, es una caza.

El ir y venir de casa al campo de caza y del campo de caza a casa, es el sentido de nuestra vida.

La oferta de los maestros de las tradiciones religiosas es totalmente ajena a esta nuestra manera espontánea de proceder. Su oferta es para nosotros algo inconcebible, extremadamente desconcertante y nueva.

Proponen que aprendamos a conocer, sentir y percibir sin el punto de referencia de las necesidades del ego.

Nos proponen la posibilidad de un conocer y sentir no egoísta. Eso supone que desarticulamos nuestra construcción del mundo y, por tanto, nuestra construcción del conocer y sentir egoísta.

Quien mira al mundo no es ya un centro de necesidades, es sólo un testigo imparcial.

Como el que mira no es un centro necesitado, no construye el mundo a la medida de su necesidad ni articula todo lo que hay en un gran círculo en torno del ego.

Como que se mira lo que hay sin tener en cuenta las necesidades, en el centro del círculo no hay nadie, porque ya hemos dicho que el ego, el yo, es un núcleo articulado de necesidades.

Puesto que en el centro del círculo no hay nadie, tampoco hay círculo. Nada se estructura entorno de nada.

Puesto que nadie es un centro de necesidad, no hay ni campo de caza ni cazador. El mundo no es un campo de caza estructurado a la medida de un cazador. El mundo es un enigma sin fin que se dice a sí mismo sin que ningún cazador le imponga lo que tiene que decir. El mundo no es un círculo con un centro, no tiene esa estructura egoísta; es un océano sin fronteras y sin puntos de referencia.

Cuando alguien, no un ego necesitado, sale a ese mundo a percibir, sentir y conocer, nada es a medida de nadie, todo es desconcertantemente libre y sin referencia a nadie. Cuando se sale así, no se sale a cazar porque ya no existe la caza; ni nadie puede volver a casa cargado con una pieza, porque ni hay piezas ni hay casa a donde volver.

Como que el que mira ya no mira como un necesitado, se quiebra la dualización que se formaba entre el ego, núcleo de necesidades, y el mundo, campo de caza. Puesto que se rompe la dualización, todo se hace uno.

Lo que hay es, pues, conocer y sentir, pero nadie conoce ni siente.

Se trata de un auténtico conocimiento y de un auténtico sentimiento y amor, pero sin que sea posible decir, yo, tú, eso, mío o nuestro.

Podríamos intentar expresar esa nueva situación de esta manera:

- el vacío de todo cazador y de toda caza;

- conocer y sentir real, pero desde el vacío de todo cazador y de toda caza;

- eso que ahí viene conoce y siente a eso que ahí viene, tal cual viene y no como lo construye un cazador, porque ya no hay cazador.

En la enorme posibilidad abierta por los maestros de las tradiciones religiosas, quien conoce y siente, aunque sea una forma de conocer y sentir totalmente gratuita, es este cuerpo. Y lo que este cuerpo conoce y siente, aunque desde otra perspectiva que la habitual de un animal, es esto mismo de aquí, no otra cosa por encima o por debajo de esto de aquí.

Así nos encontramos con la desconcertante experiencia de que esta nuestra carne conoce y siente realmente y sin lugar a duda, algo, que según sus criterios habituales de viviente necesitado, no es real.

Para todos los vivientes es real, se conoce y se tiene como tal, sólo lo que, directa o indirectamente, está relacionado con sus necesidades.

En la experiencia religiosa, el animal que somos conoce, siente y percibe realmente y sin poder dudar, algo que según sus criterios de realidad no es real.

Dicen los maestros que lo que se conoce y siente desde ahí es una ausencia, la ausencia de todo lo que para el animal es realidad. Pero la carne conoce y siente esa ausencia, realmente y no como un vacío, sino como una presencia.

Lo que se percibe, conoce y siente es lo que no tiene nada que ver conmigo, lo que no puedo computar como teniendo que ver con mis carencias y satisfacciones.

No puede computar nada porque no hay nadie que compute. Así es que el conocer y sentir que aquí, en mí, se da, ya no es mío sino universal, impersonal.

El misterio de lo que hay, testifica y se conmueve frente al misterio de lo que hay. Y se hace patente, a la vez, que yo mismo soy ese misterio.

La transformación a la que lleva el camino religioso, conduce:

    - del que conoce y siente en este inmenso mundo sólo lo que le puede mantener vivo como individuo y como grupo;

-del que se conmueve y moviliza en este inmenso mundo por lo que comprende y siente que puede servirle o perjudicarle;

- al que reconoce que la inmensidad de lo que hay, simplemente está ahí, y yo mismo soy esa inmensidad;

- al que se conmueve directamente con la inmensidad de lo que hay, porque está ahí, simplemente, porque existe.

La transformación es el paso del depredador, del cazador, al testigo desinteresado y vibrante.

Quien acierta a conocer y sentir sin estar sometido a la perspectiva de la necesidad, sin estar sometido a las estructuras de deseos del ego, adquiere un conocimiento y sentir libre.

Sólo la necesidad somete el conocer y el sentir.

Cuando uno conoce y siente desde la necesidad, sólo se presenta como real y como valor lo que la necesidad exige y da por tal.

Cuando uno conoce y siente sin la dictadura del ego, la realidad y el valor se dice en todo. Toda flor, toda planta, toda estrella y todo viviente dice el misterio de la realidad y ninguna de esas formas lo acapara o lo exclusiviza.

Así uno es libre en todo porque, cuando se mira sin necesidades, nada le puede someter.

Para conocer y sentir gratuitamente eso que ahí viene, el cuerpo no es un obstáculo porque todo él es un perceptor, un sensor.

Todo nuestro cuerpo es un ojo. Somos como los querubines, ojos por todas las partes de nuestro ser.

También nuestro cuerpo es un sensor. Toda nuestra carne puede conmoverse, toda ella puede convertirse en corazón, en amor.

Así nuestro cuerpo ha de convertirse en luz y calor; todo él ha de ser lucidez conmovida.

Eso es lo que los maestros dicen cuando hablan de nuestro cuerpo como un cuerpo de luz y de fuego. Eso es lo que ellos llaman sutilizar nuestro ser, espiritualizarlo.

Cuando la mente, la sensibilidad y el cuerpo entero conocen y sienten de esa manera, el conocimiento no es una representación, ni el sentir una utilización y una distancia.

Representarse la realidad, usarla y utilizarla comportan distancia y dualidad: el cazador y lo cazado; quien representa y lo representado; quien utiliza y lo utilizado.

El conocimiento y el sentimiento al que conducen los maestros de las tradiciones religiosas elimina toda distancia y conduce a la proximidad, a la co-presencia, a la comunión y a la unión.

Nuestro cuerpo no es sólo la carne de un viviente necesitado; es también un puro perceptor, un fino sensor desinteresado y un testigo capaz de conmoverse hasta sus raíces con lo que hay, no sólo porque nos sirve, sino simplemente porque está ahí, porque existe, por su novedad sin fin y por la maravilla con la que nos habla.

Nuestra carne no es opaca. Somos seres luminosos porque nuestro mismo cuerpo es sutilidad; nuestro cuerpo puede ser sutilizado, espiritualizado. Y dicen los maestros que esa condición

de testigos vibrantes y desinteresados es nuestra propia naturaleza.

Llegar a hacer de todo nuestro ser, de toda nuestra carne, ojos y corazón desinteresados, luz y fuego, sutilidad, espiritualidad, no es someternos a una sobrecarga desmesurada para nuestra humilde condición de animales, sino que, por el contrario, dicen los maestros, que esa es nuestra condición propia.

TEXTOS

Empezaremos con una gran imagen que sugiere la magnitud de la transformación que comporta la gran aventura religiosa.

Imaginemos unos seres humanos viviendo en una inmensa gruta, cerrada por todas partes, comprendiendo dédalos, salas, cursos de agua, sifones, etc... Exploran ese mundo inmenso; se detienen a veces en los bordes tenebrosos; reverencian como a un dios tal abismo más oscuro, tal columna de estalactitas o de estalagmitas, tal lago subterráneo. (...)

Los solitarios se alejan de las masas subyugadas... tanteando, tropezando y percibiendo sólo con el tacto la pared de roca. Opinan que hay otro mundo; un mundo completamente diferente; la piedra es, en algunos lugares, vagamente traslúcida, y eso les confirma en su presentimiento. Encuentran en su proximidad una paz que les sosiega(...) Guiados por el azar; por la tenacidad; por los Maestros, terminan por encontrar indicaciones con una precisión creciente. Comprenden que la gruta, que creían cerrada por todas partes, tiene más de una fisura. Pero esas fisuras permanecen invisibles a la mayor parte de sus compañeros, deslumbrados por las luces inventadas por los hombres.

Entonces, solos o casi, permanecen vigilantes. A veces intentan hacer venir al lugar de las fisuras a sus compañeros; querrían describirles lo que saben, pero ¿cómo hacerlo? ¿Cómo sugerir el espacio de fuera, de otra forma que diciendo lo que no es, porque lo que pueden mostrar no es más que una abertura en la gruta?

(...) Es en ese lugar y no en la gruta donde es preciso vivir, pero ¿qué hacer?, ¿cómo hacer?

El deseo de esa Ausencia -y más aún, esa Ausencia misma- suscita una sensibilidad nueva (¡es tan secreta!), sin embargo ¿cómo desarrollarla, porque sólo ese secreto encuentro la suscita y la renueva, pero a la vez, el encuentro depende de ese desarrollo?

Durante años hay que intentar vivir en estado de alerta; cerciorándose más y más claramente que es en ese lugar donde se quiere vivir; constatando que es imposible mantenerse estable en ese lugar; que es difícil permanecer en esos parajes;

(...) todo esto hace nacer y enraizarse sólidamente una resolución -invisible a los otros, que la juzgarían delirante si sospecharan su

fuerza- una resolución sorprendente incluso para sí mismo y que se siente invencible:

- hacerse otro;

- transformarse en profundidad y completamente.

Romper con las antiguas estructuras, o mejor, disolverlas; inventar otras; intentar, arriesgarse; distinguir claramente lo que lleva al fracaso de lo que lleva al buen resultado; repetir, repetir los gestos justos hasta que reemplacen enteramente a aquellos que el azar o la educación habían formado; coordinarlos unos con otros; afinar, consolidar, amplificar, profundizar, enraizar: hasta que cese de ser incondicionalmente cierta la existencia de la gruta, hasta que sea percibido el Espacio que envuelve a la gruta por todas partes como el único universo digno de ese nombre.

Los habitantes de la gruta no conocen, del órgano extraordinario que es su cuerpo, más que unas pocas notas; cinco o seis; siempre las mismas; las que permiten a cada uno colaborar con el trabajo de todos.[127]

La gran mutación es radical porque requiere abandonar todo lo viejo para acceder al tesoro escondido, aquí mismo.

Es semejante el reino de los cielos a un tesoro escondido en un campo, que quien lo encuentra lo oculta y, lleno de alegría, va, vende cuanto tiene y compra aquel campo. Es también semejante el reino de los cielos a un mercader que busca perlas preciosas, y hallando una de gran precio, va, vende todo cuanto tiene y la compra.[128]

---

127. Lanfranchi, Geneviève: *Vivre en vacuité*. En: *Le vide. Expériencience spirituelle en Occident et en Orient*. Pg. 271-274.
128. Mt.13, 44-46.

Para andar por el sendero de la gran transformación hay que hacerse sumamente flexible, ágil, libre y capaz de dudar de las propias maneras de pensar y sentir. Sin esas cualidades no se podría ser plenamente práctico, receptivo y respetuoso con maneras no habituales de ver y sentir.

Alí dijo: -Nadie puede llegar a la verdad hasta que sea capaz de pensar que el sendero mismo pueda estar equivocado. Esto es así porque aquellos que sólo pueden pensar que debe ser correcto no son creyentes, sino gente incapaz de pensar de un modo diferente del que ya piensan. Esta gente no son hombres de modo alguno. Como animales, deben seguir ciertas creencias, y durante este período no pueden aprender. Y puesto que no pueden llamarse "humanidad" tampoco pueden llegar a la verdad.[129]

Los gusanos, los pájaros, los árboles: todos ellos os pueden decir cosas increíbles, si llegamos a tener la velocidad necesaria para agarrar su mensaje.[130]

Una vez un misionero se dispuso a instruir a un grupo de indios sobre las verdades de su santa religión. Les habló de la creación de la tierra en seis días y de la caída de nuestros primeros padres a causa de haber comido una manzana.

Los corteses salvajes le escucharon atentamente y, después de darle las gracias, uno de ellos relató a su vez una tradición muy antigua referente al origen del maíz.

Pero el misionero mostró claramente su disgusto y su incredulidad, diciendo indignado: "¡Lo que yo os he explicado eran verdades sagradas, pero esto que me contáis son meras fábulas y falsedades!".

"Hermano -contestó gravemente el indio ofendido- parece que no te han educado bien en las reglas de urbanidad. Tú has visto que nosotros, que practicamos estas reglas, hemos creído tus historias; ¿por qué, entonces, te niegas a dar crédito a las nuestras?[131]

---

129. Shah, Idries. *Pensadores de Oriente.* pg.35
130. Castaneda, Carlos: *Una realidad aparte.* pg.260.
131. Eastman: *El alma del indio.* pg. 61.

La libertad de las formas con las que nos representamos lo sagrado es la primera ley de la práctica real del camino.

Cuando ores, no te hagas interiormente ninguna imagen de la divinidad, ni dejes que tu intelecto acepte la huella de cualquier forma que sea; mantente inmaterial delante de lo inmaterial y comprenderás.[132]

Es absolutamente indudable que el intelecto, cuando comienza a ser movido de una manera frecuente por la luz divina, se hace totalmente transparente, hasta el punto de ver con mucha claridad su propia luz. Pero todo lo que aparece al intelecto en cualquier forma, luz o fuego, proviene de las maquinaciones del adversario.[133]

Lo que hay que conseguir es llegar a ver, pero ver con todo el cuerpo y no sólo con los ojos. Toda la vida ha de estar orientada a eso y sólo a eso.

El abad Besarión dijo: "el monje ha de ser como los querubines, todo ojos".[134]

Se trata de ver. Las acciones, las obras, sólo sirven para purificar nuestro cuerpo de forma que pueda ver.

Las acciones sólo nos ayudan a purificar la mente, pero no a perseguir la Realidad. La realización de la Verdad se obtiene mediante el discernimiento, jamás mediante la acción; ni aunque realizásemos diez millones de acciones.

Mediante el discernimiento adecuado se obtiene el conocimiento de qué es la Realidad, del mismo modo que se pone fin al tremendo miedo y angustia que causa en una mente confusa la forma de una soga al confundirla con una serpiente.[135]

---

132. Evagri Pòntic. En: *Filocalia dels Sants Pares*. pg.25.
133. Diadoc de Foticé. En: *Filocalia dels Sants Pares*. pg.40
134. En: *Filocalia dels Sants Pares*. pg. 17.
135, Sankara: *la joya suprema del discernimiento*. Pg. 31.

Lo que hay que ver está aquí, en esta amada tierra. Si no atinamos a llegar a ver, aquí no hay más que tedio, aburrimiento y pesadez. Después de eso, llega rápidamente la oscuridad completa.

-Escucha ese ladrido lejano. Ese ladrido es la cosa más triste que uno puede oír. Viene de una casa en ese valle hacia el sur. Un hombre grita, a través de su perro, pues ambos son esclavos compañeros de por vida, su tristeza, su aburrimiento. Está rogando a su muerte que venga y lo libre de las torpes y sombrías cadenas de su vida.

Ese ladrido y la soledad que crea, hablan de los sentimientos de los hombres -prosiguió-. Hombres para los que toda una vida fue como una tarde de domingo, una tarde que no fue del todo mala, pero sí calurosa, y aburrida, y pesada. Sudaron y se fastidiaron más de la medida. No sabían a dónde ir ni qué hacer. Esa tarde les dejó solamente el recuerdo del tedio y de pequeñas molestias, y de pronto se acabó: de pronto ya era noche.

El contraveneno de todo eso está aquí -dijo Don Juan acariciando la tierra-. La explicación de los brujos (la doctrina religiosa) no puede en modo alguno liberar el espíritu. Ahí estás tú. Has llegado a la explicación de los brujos, pero no tiene ninguna importancia el que la sepas. Estás más sólo que nunca, porque sin un cariño constante por el ser que te da asilo, la soledad es desolación.

Solamente amando a este ser espléndido se puede dar libertad al espíritu del guerrero; y la libertad es alegría, eficiencia, y abandono frente a cualquier embate del destino.[136]

La entrada al paraíso está aquí mismo, porque aquí mismo está la perla preciosa. La entrada está aquí y es sencilla, pero ¡qué sutil!

Una vez vino un monje a Gensha y quería saber dónde estaba la entrada al camino de la verdad. Gencha le preguntó: ¿oyes el murmullo del arroyo? Sí, lo oigo, respondió el monje. Pues allí está la entrada, le dijo el maestro.[137]

---

136. Castaneda, Carlos: *Relatos de Poder.* pg. 383-4.
137. Suzuki, D.T.: *Introducción al budismo zen.* Pg. 8.

¡Qué maravilloso y sorprendente resulta esto!:

Yo saco agua, yo transporto leña.[138]

En cierta ocasión se le preguntó a un gran maestro:

- ¿Haces tú ininterrumpidamente esfuerzos por ejercitarte en la verdad?

- Ciertamente, los hago.

- ¿Cómo te conduces?

- Si tengo hambre, como; si me hallo cansado, descanso o me acuesto un rato.

- Esto hace todo el mundo. ¿Se puede decir, pues, de cualquiera que se comporta o ejercita como tú?

- No.

- ¿Por qué no?

- Porque los demás, cuando comen, no comen, sino que andan dando vueltas a los más diversos asuntos, dejándose molestar por ellos; si duermen, en realidad no es dormir lo que hacen, sino soñar en un sin fin de cosas. Así pues, ellos no son como yo.[139]

Sólo hay que ver; sólo ver. Ver con todas las células del mi ser, para poder testificar así esta maravilla.

¡Levántate para ver, para ver, para ver! [140]

-¿Cómo sabré que he visto?

-Sabrás. Te confundes sólo cuando hablas.[141]

Los videntes (aprendices) aspiran a ser libres, a ser testigos sin prejuicios, testigos incapaces de juzgar.[142]

---

138. Suzuki, D.T.: *Introducción al budismo zen.* Pg.120.
139. Suzuki, D.T.: *Introducción al budismo zen.* Pg.124.
140. Rumi, Jalal-ud-din: *El Masnavi.* Pg. 339.
141. Castaneda, Carlos: *Una realidad aparte.* pg. 195.
142. Castanera, Carlos: *El fuego interno.* Pg. 83.

Sea como fuera, los guerreros están en el mundo, realmente, con el fin de entrenarse a ser testigos sin prejuicios para así descubrir y entender el misterio que somos.[143]

Tuve la extraña pero bien conocida sensación de que yo era yo mismo y a la vez no lo era. Sin embargo, tenía conciencia de todo lo que me rodeaba, gracias a una rara y a la vez casi familiar capacidad: todo mi ser veía. La totalidad de lo que en mi conciencia normal llamo mi cuerpo era capaz de percibir, como si fuese un ojo gigantesco que captara todo.[144]

Este es en verdad el misterio del estar consciente de ser. Los seres humanos están empapados en ese misterio, estamos empapados en las tinieblas, en lo inexplicable. Si nos consideramos a nosotros mismos en cualquier otra terminología, somos unos imbéciles o estamos locos. Por lo tanto, no deshonres el misterio del hombre sintiendo lástima por ti mismo o tratando de razonar ese misterio.[145]

Ver es extraordinariamente sencillo, pero ¡qué trabajoso!

Como decía un maestro Zen, "si el sudor no te ha empapado por entero, no esperes ver un palacio de perlas en una brizna de hierba".[146]

Nuestra experiencia no es verdaderamente nueva más que si ponemos en ella un inmenso interés y un gran amor. Entonces hay algo nuevo cada segundo, y no una acumulación de lo viejo.[147]

Ver es conmoverse. Cuando uno consigue hacerse todo ojos, se transforma todo él en corazón. Los ojos se hacen corazón y el corazón ojos. Juntos, ojos y corazón, lo penetran todo.

El despertar al estado de "Inteligencia-Amor" nos confiere este extraño poder de penetrar en el corazón de los seres y de las cosas, por las zonas

---

143. Castaneda, Carlos: *El fuego interno.* Pg. 180.
144. Castaneda, Carlos: *El fuego interno.* Pg. 256.
145. Castaneda, Carlos: *El fuego interno.* Pg. 256.
146. Humphreys, Ch.: *Concentración y meditación.* Pg. 164
147. Linssen, Robert: *Bouddhisme, taoisme et zen.* Pg. 261.

profundas de una conciencia insondable como el universo mismo. Deberíamos hablar de poder de omnipresencia y de omnipenetrabilidad.[148]

Patanjali dice que el amor es una forma del conocimiento y que es uniéndonos a un ser, y uniéndonos a él por amor, que lo conocemos verdaderamente.[149]

Es necesario una pasión, un deseo ardiente, para distinguir el vino de la copa.[150]

...de manera que ya al alma le parece vivo fuego por causa de la viva inteligencia que se le da. Y de aquí es lo que dice David en un salmo diciendo: Calentóse mi corazón dentro de mi, y cierto fuego, en tanto que entendía, se encendía. -Ps 38,4-.

Y este encendimiento de amor con unión de estas dos potencias, entendimiento y voluntad, que se unen aquí, es cosa de gran riqueza y deleite para el alma, porque es cierto toque en la Divinidad y ya principio de la perfección de la unión de amor que espera.[151]

La sola razón es incapaz de guiar a la visión.

Aquél que teniendo sed de Dios toma a la razón por guía, se queda rumiando en la perplejidad en que la razón lo deja agitarse. Sus estados de conciencia languidecen en el equívoco y se pregunta, perplejo: ¿Existe El?[152]

Lo que se ve, conoce y ama, aunque engendra la gran certeza, es lo sutil de lo sutil. Eso que se conoce ya no es una representación sino una presencia.

Actualmente yo sé que sé, pero no sé lo que sé.[153]

Afirmación de Prajña-Paramita-Sutra, "no tener Dharma alguno sobre el cual discutir: esto es discutir acerca del Dharma".[154]

148. Linssen, Robert: *Bouddhisme, taoisme et zen.* Pg. 319.
149. Humphreys, Ch.: *Une aproche occidental du zen.* Pg.71.
150. Rumi, Djalal-ud-din: *Fihi-ma-fihi.* Pg. 100.
151. San Juan de la Cruz: *Obras completas.* Pg. 613.
152. Hallaj, Hocein Mansur: *Diwan. LXVI,* Pg. 120.
153. Humphreys, Ch.: *Une aproche occidental du zen.* Pg.198.
154. Suzuki, D.T.: *Ensayos sobre budismo zen.* Primera serie. Pg 308.

Me siento como el hombre que bebe agua fresca y que sabe por sí mismo de su frescura.[155]

No se contentaron con el conocimiento ordinario. Lo sobrepasaron, para conseguir el conocimiento presencial, unitivo.[156]

Mi discurso es sin palabras, sin lengua y sin ruido; compréndelo sin inteligencia y óyelo sin oído.[157]

No hay fórmulas infalibles para atinar a acceder a esa sutilidad. Hay que emplear la máxima iniciativa para llegar a ver. Hay que aprender por sí mismo.

Sermón de Goso (Wu-tsu):

Si la gente me pregunta a qué se parece el Zen le diría que es como aprender el arte de robar. El hijo de un ladrón vio envejecer a su padre y pensó: Si es incapaz de llevar adelante su profesión, ¿quién ganará el pan en esta familia, salvo yo mismo? Debo aprender el oficio. Comunicó la idea a su padre, quien la aprobó. Una noche el padre llevó al hijo a una casa grande, forzó la cerca, entró a la casa, y abriendo un gran baúl le dijo al hijo que fuese a sacar vestidos. Tan pronto el hijo se introdujo en el baúl, hizo caer la tapa y aseguró la cerradura. Entonces el padre salió al patio, y golpeando fuertemente la puerta despertó a toda la familia, al tiempo que silenciosamente se deslizó por el agujero que anteriormente practicara en la cerca. Los moradores se excitaron, encendieron velas pero descubrieron que los ladrones se habían ido. El hijo, que todo el tiempo permaneciera seguramente confinado en el baúl, pensó en su cruel padre. Estaba grandemente mortificado cuando surgió en él una buena idea. Hizo un ruido que sonó parecido al chillido de una rata. La familia dijo a la sirvienta que tomase una vela y examinase el baúl. Al ser abierta la cerradura de la tapa, salió el prisionero, apagó la luz de un soplido, hizo a un lado a la sirvienta y huyó. Los moradores corrieron tras él. Al advertir un pozo junto al camino, tomó una gran piedra y la tiró al agua. Todos los perseguidores se congregaron alrededor del pozo tratando de hallar al ladrón

---

155. Blofeld, John: *Enseñanzas zen de Huang Po.* Pg. 83.
156. Corbin, H.:En *Islam iranien, aspects spirituels et philosophiques.* T.II. Pg.62.
157. Attar, Farid Uddin: *El lenguaje de los pájaros.* pg. 33.

ahogándose en el oscuro agujero. Mientras tanto, él estaba de vuelta y seguro en casa de su padre, imputándole el haberse podido escapar por poco. El padre le dijo: No te ofendas, hijo mío. Dime solamente cómo te escapaste. Cuando el hijo le narró todas sus aventuras el padre observó: ¡Ya lo lograste, aprendiste el arte! [158]

Dicen los maestros: cuando conozcáis, no os liguéis a formas, ni a las más venerables y sacrosantas. La verdadera sabiduría es la total sutilidad que sólo se da en la total libertad. Si alguna forma, aunque sea sacratísima, pretende fijar y someter, hay que destruirla prontamente y sin consideración alguna.

Rinzai: Oh vosotros seguidores de la Verdad: si deseáis obtener una compresión ortodoxa (del zen), no seáis engañados por los demás. Si encontráis cualquier obstáculo, interna o externamente, derribadlo lejos. Si encontráis al Buda, matadlo; si encontráis al Patriarca, matadlo; si encontráis al Arhat o al padre o pariente, matadlos a todos sin vacilación: pues éste es el único medio de liberación. No os enredéis con objeto alguno; estad por encima; pasad y sed libres. Como veo a los denominados seguidores de la Verdad en todo el país, no hay ninguno que venga a mí libre e independiente de los objetos. Al tratarlos, los derribo, vengan de donde vinieren. Si confían en la fuerza de sus armas, les quito la vida; si confían en su elocuencia, los hago callar; si confían en la agudeza de sus ojos, los cegaré. Hasta ahora no hay nadie que se haya presentado ante mí totalmente sólo, totalmente libre, totalmente único. Todos están invariablemente atrapados por las vanas tretas de los viejos maestros. En realidad, nada tengo para daros; todo cuanto puedo hacer es curaros de las enfermedades y libraros de la esclavitud. [159]

Para esa sutilidad, el cuerpo no es, en absoluto, obstáculo; por el contrario, el cuerpo es el mejor instrumento cuando se le ha sutilizado convenientemente, cuando se le ha espiritualizado. El cuerpo tiene que hacerse espiritual, es decir, tiene que hacerse sutil para hacerse luz.

---

158. Suzuki, D.T.: *Ensayos sobre budismo zen. Primera serie.* Pg. 342
159. Suzuki, D.T.: *Ensayos sobre budismo zen. Primera serie.* Pg.   380.

Porque también el cuerpo tiene la experiencia de las cosas divinas cuando las fuerzas pasionales del alma se encuentran no muertas, sino transformadas y santificadas.[160]

El gozo espiritual que llega del espíritu al cuerpo no se corrompe por la comunión con el cuerpo, sino que transforma el cuerpo y lo vuelve espiritual, porque entonces aleja todo mal apetito de la carne, no arrastra al alma hacia lo bajo, sino que se eleva con ella, de suerte que el hombre entero se convierte en Espíritu, conforma a lo que está escrito: "el que ha nacido del Espíritu es Espíritu." (Jn.III,6-8).

Hablando de la facultad sobrenatural que la presencia del Espíritu nos concede para ver a Dios, Palamas escribe: "Puesto que esta facultad no tiene otro medio para actuar, habiéndose apartado de todos los seres, se convierte toda ella enteramente en luz y se asimila a lo que ve; se une sin mezcla siendo luz. Si se mira a sí misma, ve la luz; si mira el objeto de su visión, es todavía la luz, y si mira los medios que emplea para ver, es también la luz; ahí está la unión; que todo eso sea uno, de suerte que el que ve no pueda distinguir ni el medio, ni el fin, ni la esencia, sino que tenga solamente conciencia de ser luz y de ver una luz distinta de toda criatura".[161]

La sutilización de todas nuestras facultades, su espiritualización, no es cosa fácil sino muy dolorosa.

Pues, por lo dicho, queda entendido cómo Dios hace mercedes aquí al alma de limpiarla y curarla con esta fuerte lejía y amarga purga, según la parte sensitiva y espiritual, de todas las aficiones y hábitos imperfectos que en sí tenía acerca de lo natural y de lo temporal, sensitivo y espiritual, oscureciéndole las potencias interiores y vaciándoselas acerca de todo esto, y apretándole y enjugándole las aficiones sensitivas y espirituales y debilitándole y adelgazándole las fuerzas naturales del alma acerca de todo ello -lo cual nunca el alma por sí misma pudiera conseguir, como luego diremos- haciéndola Dios desfallecer en esta manera a todo lo que no es Dios naturalmente, para irla vistiendo de nuevo, desnudada y desollada ya ella de su antiguo pellejo. Y así se le renueva, como al águila, su juventud

---

160. Lossky, Vladimir: *Teología mística de la Iglesia de Oriente.* Pg.166.
161. Meyendorff Jean: *St. Gregoire Palamas et la mystique orthdoxe.* Pgs. 117,125.

(Ps.102,5) quedando vestida del nuevo hombre que es criado, como dice el Apóstol, según Dios (Eph,4,24). Lo cual no es otra cosa sino alumbrarle el entendimiento con lumbre sobrenatural, de manera que de entendimiento humano se haga divino unido con el divino; y, ni más ni menos, informarle la voluntad de amor divino, de manera que ya no sea voluntad menos que divina, no amando menos que divinamente, hecha y unida en uno con la divina voluntad y amor; y la memoria, ni más ni menos; y también las aficiones y apetitos todos mudados y vueltos según Dios divinamente. Y así esta alma será ya alma del cielo, celestial, y más divina que humana.[162]

Lo que se consigue con la transformación no es la adquisición de algo nuevo sino que es hacer patente lo que siempre fue.

Diadoco de Foticea dice: El hombre no es transformado en lo que no es, es renovado gloriosamente en lo que ya era.[163]

La visión es de "nada que ver" por que El es todo.

Hay visión, pero nada que sea visto.[164]

Escucha, oh Rama, esta sabiduría, que es la convicción de quien conoce la Verdad. El conjunto del vasto mundo que percibes es el inmaculado Brahman que goza de su propia gloria. Así como son agua las olas que surgen del océano, también todos los objetos que ves son Brahman. El amigo es Brahman y el enemigo también lo es. Se halla eternamente establecido en su propia existencia. Oh Rama, quienes tienen esta convicción están libres de amor y aversión y tienen felicidad. Sabe, oh Rama, que la presencia es Brahman y que la ausencia también lo es. Nada está fuera de Brahman y quienes lo saben ya no tiene apego ni antipatía.

Brahman conoce a Brahman y está establecido en su propio Sí. Oh Rama, Brahman es "Yo soy"; es el Sí interior. La muerte es Brahman; el cuerpo es Brahman. Brahman muere y Brahman mata. Del mismo modo que se ve a la serpiente en la cuerda, se ven también en Brahman alegría y dolor. Lo

---

162. San Juan de la Cruz: *Noche Oscura. Obras completas.* pg.621.
163. Davy, M.M.: *Le desert interieur.* Pg.199
164. Suzuki, D.T.: *Le non-mental selon la pesée zen.* Pg.111.

que las olas son al agua, el mundo es a Brahman. Los verdaderos videntes lo perciben; pero los demás, que no han conocido todavía la Verdad, ven de modo diferente. Quien conoce, ve a Dios en todas partes; el ignorante ve el mundo en toda su diversidad y sufre como sufre un niño que imagina que su sombra es un fantasma.[165]

Si sólo Él es real, todo es sutilidad, Espíritu.

Si llegáis a realizar que vosotros mismos sois el Espíritu absoluto, veréis entonces que el mundo entero no es material sino únicamente espiritual.

Si os identificáis con vuestro cuerpo veréis igualmente el mundo en torno vuestro. Pero si os identificáis con el Espíritu, si sois el Espíritu, todo no será más que Espíritu.[166]

Todo dice una sola cosa: Eso, Él.

Frente a mí y detrás de mí, en las diez direcciones,
por doquier yo mire, sólo veo Eso;
hoy, oh Protector, la ilusión se ha roto.
Desde ahora no requeriré nada a nadie.[167]

Una sola luna
se refleja en todas las aguas,
todos los reflejos
de la luna en el agua
provienen de una sola luna.[168]

La murmurante corriente de la montaña es la ancha y larga lengua de Buda; la montaña misma, en sus siempre cambiantes matices, ¿no es su Cuerpo Puro? durante la noche fueron recitados ochenta y cuatro mil gathas,

---

165. Valmiki: *El mundo está en el alma*. Pg. 86-7.
166. Maharshi, Ramana: *L'enseignement de* Pgs. 279,311
167. Evans-Wentz, W.Y.: *Yoga tibetano y doctrinas secretas*. Pg. 176
168. Yoka Daishi: Shodoka. En: *Deshimaru, Taisen: El canto del inmediato satori*. Pg.168.

¿pero cómo puedo algún día mostrarlos ante los demás? [169]

La perla preciosa está aquí mismo, es esto mismo, yo mismo, y nada añadido. No hay que ir ni a lo alto ni lejos. La misma vida cotidiana es el tesoro escondido y el paraíso.

Lo que le puede parecer al hombre ordinario no ser más que una piedra, dice Rumí, es una perla para aquél que sabe. [170]

Yu-ti preguntó a Tao-t'ing, otro discípulo de Ma-tsu: "¿Quién es Buda? El maestro le llamó: ¡Oh Yu-ti!. Yu-ti respondió: ¡Sí, maestro! A lo cual el maestro dijo: No busques en otra parte" [171].

Un monje preguntó a Wei-kuan de Hsing-shan: "¿Qué es el Tao?"

Wei-Kuan: "¡Qué bella montaña!".

El monje: "Le pregunto sobre el Tao, ¿por qué me habla de la montaña?"

Wei-kuan: "Mientras no conozca la montaña, no tiene ninguna posibilidad de alcanzar el Tao". [172]

...si consideráis al Buda como una forma que sería pura, brillante y libre, y los seres sensibles como una forma que sería manchada, oscura, entenebrecida, sujeta al nacimiento y a la muerte, no podréis, mientras mantengáis esta opinión alcanzar la iluminación incluso después de tantos kalpas como granos de arena hay en el Ganges, porque os ligáis a la forma. Es preciso que sepáis que hay sólo un único Mental; fuera de él no hay ni un átomo de lo que sea que podáis reivindicar como vuestro. [173]

La salvación debe buscarse en lo finito mismo; no hay nada infinito aparte de las cosas finitas; si buscas algo trascendental, eso te segregará de este mundo de relatividad, que es lo mismo que aniquilarse. No quieras la salvación a costa de tu propia existencia. Si es así, bebe y come, y halla tu modalidad de libertad con este beber y comer. [174]

169. Suzuki, D.T.: *Ensayos sobre el budismo zen. Segunda serie.* Pg.204
170. Shah, Idries: *Les soufis et l'esoterisme.* pg.117.
171. Suzuki, D.T.: *Le non-mental selon la pensée zen.* Pg. 117
172. Suzuki, D.T.: *Le non-mental selon la pesée zen.* Pg. 130.
173. Suzuki, D.T.: *Le non-mental selon la pensée zen.* Pg. 186.
174. Suzuki.D.T.: *Ensayos sobre budismo zen. Primera serie.* Pg. 25.

Bebiendo te, comiendo arroz,
paso mi tiempo tal como viene;
observando el río, contemplando las montañas,
¡cuán sereno y descansado verdaderamente me siento!
Así habló Nansen.[175]

Un monje preguntó a Joshu, uno de los máximos maestros de China:
"¿Cuál es la única palabra última de la verdad? En vez de darle cualquier
respuesta específica, efectuó una contestación simple, diciendo: Sí." [176]

Un monje acudió a Gensha diciéndole: "Entiendo que dices que el universo
todo es un cristal transparente. ¿Cómo capto el sentido de esto? El maestro
dijo: ¿y de qué sirve entenderlo?" [177]

"Oh monjes, estáis aquí reunidos, consumiendo tantas legumbres cada
día. Pero si las llamáis mero manojo de legumbres, vais al infierno tan
directamente como vuela una flecha." [178]

¿Llegó? ¿Llegó?
Voy a la orilla a encontrarme con él.
Mas en la orilla no hay nada salvo brisa
que canta entre los pinos.[179]

La verdadera vía es la vida cotidiana.[180]

El mundo de los deseos y las pasiones parece un horno de fuego; pero no es así, es un jardín, un paraíso, la manifestación del "no-nacido".

Cuando el misterio de la esencia de los seres se muestre claramente a él,
el horno del mundo se convertirá en un jardín de flores.181

---

175. Suzuki.D.T.: *Ensayos sobre budismo zen. Primera serie.* Pg. 289.
176. Suzuki.D.T.: *Ensayos sobre budismo zen. Primera serie.* Pg. 296.
177. Suzuki.D.T.: *Ensayos sobre budismo zen. Primera serie.* Pg. 321.
178. Suzuki.D.T.: *Ensayos sobre budismo zen. Segunda serie.* Pg. 211
179. Suzuki, D.T.: *Essais sur le bouddhisme zen. Troisieme serie.* Pg.113.
180. Jourdan, Michel: *Notes de ma grange, des montagnes et des bois.* Pg. 173.
181. Attar, Farid Uddin: *El lenguaje de los pájaros.* Pg. 230.

Mira, oh discípulo, el mundo en llamas; no temas, es un refugio, aquí mismo es un no-nacido.[182]

Sólo Dios es. Nada hay fuera de El.

No existe sino Dios. Otra cosa no existe.
No existe más que su esencia y voluntad.
Todo cuanto en el ser existe es Dios.
Todo cuanto en el aparecer existe es criatura.[183]

Hay "seres", "cosas", "personas" que parecen ser, pero que no son, porque sólo hay completa Unidad.

¿Eres Tú, soy yo? Eso haría dos dioses,
¡lejos de vosotros, lejos de vosotros el pensamiento de afirmar "dos"! [184]

Quien se conoce a sí mismo, conoce a su Señor. (Hadith)[185]

La gran masa de agua es de la misma naturaleza que la pequeña gota y ambas comparten una misma esencia.[186]

Él está aquí mismo, Él, el Único, el patente.

De ahí que todas las formas y colores de la belleza griten:
"¡Buenas noticias! ¡Buenas noticias! ¡Vedlo! ¡La primavera está aquí!" [187]

Dios es más manifiesto y patente que todo esto que existe.[188]

La vida eterna irradia desde las hojas del jardín,
ni miedo de cambio, ni motivo de reproches existe.[189]

Descubre el mundo lleno de rostros celestes.[190]

---

182. Houa-T'eou: *Initiation aux bouddhismes tch'an et t'ien-t'ai.* Pg.153.
183. Ibn el Arabi. En: Asin Palacios, M.: *El islam cristianizado.* Pg. 253.
184. Akhbar al-Hallaj. pg. 137.
185. Qashani, Abd ar-Razzaq: *Le comentaires esoteriques du Corán.* Pg. 63.
186. Rumi, Djalal-od-din: *Fihi-ma-fihi.* Pg. 54.
187. Rumi, Djalal-od-din: *Masnavi.* pg. 61.
188. Valad, Sultan: *Maître et disciple.* Pg.63.
189. Rumi: *Odes mystiques.* n. 327. Pg. 152.
190. Rumi: *Odes mystiques.* n. 1044 Pg.303.

4. LAS GRANDES VÍAS DE LA EXPERIENCIA INTERIOR: EL CONOCIMIENTO, LA ACCIÓN Y LA DEVOCIÓN

Hemos visto que la religión ofrece otro tipo de acceso a la realidad. La religión propone un "peculiar" acceso a la realidad, a ésta que nos rodea y a nosotros mismos, diferente del que ofrece nuestra vida cotidiana.

Para conseguir ese acceso se requiere haber seguido un proceso; un proceso de nuestras facultades sensitivas, mentales y volitivas. Ese proceso es un refinamiento de todo nuestro aparato perceptor.

Adentrarse en ese proceso es salirse del enclaustramiento al que somete la necesidad; es comenzar a ser capaz de ver, sentir, conocer y amar todo lo que nos rodea, porque sí, porque existe y no porque, directa o indirectamente, pueda convertirse en pieza de caza para nuestra necesidad.

Romper la burbuja en que nos encierra nuestra condición de vivientes depredadores es ir más allá de la estructura radicalmente centrada sobre las necesidades; es ir más allá de la estructura fundamentalmente egoísta del funcionamiento de todas nuestras facultades.

Todo ese proceso de liberación de la perspectiva de la necesidad es equivalente, para un viviente, a una radical sutilización.

Vamos a hacer un recorrido por los diversos métodos que los maestros y las tradiciones religiosas proponen para romper nuestros propios límites y acceder a esa increíble capacidad de percibir, conocer, sentir y amar lo que ahí, y en nosotros viene, tal como viene, y como testigos imparciales, más allá de los moldes dualizadores que nos impone nuestra condición de cazadores en un mundo concebido como campo de caza.

La afirmación central de todos los maestros y de todas las tradiciones religiosas es que la llave del proceso religioso reside en el silenciamiento de todos nuestros mecanismos interiores; en el silenciamiento de los mecanismos que construyen la globalidad de nuestra realidad desde la dualidad fundamental de la estructura básica de todo ser viviente: un "núcleo" de necesidades, por un lado, y un "campo" donde esas necesidades puedan ser satisfechas, por otro.

Las necesidades de un viviente son una estructura articulada que tiene que reconocerse a sí misma, -de una forma u de otra-, como núcleo y como articulación. El núcleo de necesidades tiene que poder volverse sobre sí mismo y tiene que poder reconocerse como distinto del campo donde ha de satisfacer esas necesidades. Si no pudiera volver sobre su propia identidad diferenciada y contrapuesta al campo, no podría actuar en el campo y no podría, por tanto, satisfacerse.

Lo otro, el medio, lo que no es el mismo viviente, el núcleo estructurado de necesidades es acotado, concebido, estructurado y articulado, primero como lo que no es el viviente, como su contrapunto, como su objeto y, segundo, es lo estructurado desde la perspectiva de las operaciones que el viviente debe desplegar para satisfacer sus necesidades.

La afirmación de los maestros es tajante: si se calla el mecanismo constructor, los humanos no van a parar a la nada, sino que, si están lúcidos, intensos y vigilantes, van a dar con una nueva modalidad de percepción, conocimiento y sentimiento, que ya no está construido desde la dualidad radical que proyecta, en todo, la estructura necesitada del viviente.

El constructor, que es a la vez el dualizador, es la necesidad. La necesidad es una energía, un poder que, como un haz de luz a través de un prisma, se abre en el abanico de los aspectos del funcionamiento del psiquismo humano articulado en función de la percepción, reconocimiento y acción.

La necesidad es un núcleo, pero para poderse satisfacer, se estructura y se articula. Así, el constructor, edifica la realidad a una medida manejable y útil, y articula el mundo de forma que se pueda obrar sobre él convenientemente y con éxito. El viviente, desde su necesidad, -que es una carencia y un poder-, es un creador que construye un mundo simplificado a medida, de forma que se pueda proceder en él por pasos, gradualmente y lo más sencillamente posible a fin de poder sobrevivir en esta inabarcable complejidad.

Los maestros, cada uno a su manera, analizan la estructura articulada del constructor y enseñan como desmontar su mecanismo para acceder a la realidad, libre del constructor. La aventura de esos hombres y mujeres es realmente fascinante; el ofrecimiento que su lucidez, su genialidad y su valor hacen, es el más digno de veneración y el más conmovedor.

Éste es el análisis que los maestros hacen:

La necesidad se manifiesta en el yo, como deseo.

El deseo, -que es el dinamismo hecho explícito y sentido de la necesidad-, interpreta la realidad cuando va hacia ella. La interpretación que la necesidad hace de la realidad es una valoración.

Así los correlatos del deseo son la interpretación y la valoración.

La necesidad, así interpretada y valorada, desencadena la acción.

El deseo, la interpretación, la valoración y la acción forman una unidad articulada.

Los maestros saben que atacando cualquiera de los puntos de esta cadena se desarticula el conjunto. Si se desarticula el conjunto se silencia la construcción.

Quien calla el deseo, calla, tras él, la interpretación y la valoración y, así, paraliza la acción interesada.

Quien, sin atender al deseo, se concentra en callar la interpretación que la necesidad hace de la realidad, calla, con ello, la valoración que la necesidad misma hace cuando interpreta la realidad y, así, paraliza el deseo y la acción interesada.

Quien disuelve la valoración, por ejemplo, con la conciencia vívida de la muerte y de la transitoriedad, calla, con ello, el deseo y la interpretación y paraliza la acción.

Quien se retrae de la acción, o mejor, quien actúa desinteresadamente o por pura benevolencia, sin buscar en su acción los frutos de la acción, pasa por encima del deseo, de la interpretación y de la valoración que la necesidad hace.

En todos los casos, se ataque la estructura por donde se la ataque, el resultado es el mismo: el silenciamiento del constructor y el hundimiento del mundo, valoraciones, interpretaciones y acciones que son la obra del constructor.

El hundimiento, estratégicamente planeado y querido, del edificio de dualidad que la necesidad construye, no tendría ningún sentido positivo si no fuera para mantener vigilante y extremadamente activos los ojos, la mente, el corazón y la carne toda, a fin de poder percibir y sentir, sobre las ruinas, lo que en todo viene y que no es mi construcción.

Quien ha muerto así a la necesidad, antes de morir, puede conocer y sentir una radical novedad. Quien muere a sí mismo; quien muere al mundo de las necesidades, que es el que gira y se edifica en torno de un yo como conciencia estructurada de necesidades, interpretaciones, valoraciones y acciones; quien se niega a sí mismo y muere, renace a otro mundo de conocimientos y sentimientos que ya ni nace con el yo, ni declina con él. Quien comprende que todo está vacío, vacío de lo que para mi necesidad es realidad y valor; que todo está vacío de lo que mi interpretación les impone; penetra en el Vacío de toda la magia que la necesidad levanta en torno del yo. Entonces, en ese Vacío, en ese silencio del constructor, se produce el despertar del sueño que la necesidad tejía. Ese Vacío, esa ausencia, es percepción lúcida; es conocimiento, conmoción y amor; es la iluminación.

Cuando nuestro interior se silencia, se deshace la dualidad que la necesidad construye y se produce el colapso de todo en una radical unidad. Entonces, ya no hay más objetos, porque los objetos son algo acotado y puesto ahí delante, para un sujeto. Tampoco hay un sujeto como algo que se cierra sobre sí mismo contraponiéndose a lo que no es él. Sólo hay, según la famosa fórmula hindú, "ser, conciencia y felicidad". Sólo existe "Eso que ahí viene" y que yo mismo soy; lucidez, conmoción y amor. Eso es la vida eterna; el paraíso; el reino de Dios; la justicia; la paz; la beatitud. Desperdiciar esa posibilidad, dicen los maestros, es el peor de los males, la peor de las catástrofes, es como no haber existido, peor que eso.

La concentración

Aprender a concentrarse es aprender a dirigir los sentidos, la mente, el corazón y la acción donde uno quiere, a voluntad, aprender a concentrarse es ejercitarse en no ser llevado de aquí para allá por el deseo y la necesidad, como si estuviéramos conducidos y tironeados como los osos, por una cuerda y una argolla fijada en la nariz.

Nuestros perceptores y toda nuestra capacidad de sentir, tiende a funcionar de una forma reactiva: se conmueve frente a lo que se le echa encima. Hacer el camino religioso no es actuar reactivamente porque no es seguir un camino ya trazado, sino construirlo paso a paso. Construir el camino a medida que se le recorre, quiere decir que uno tiene que aprender a utilizar el propio cuerpo como un instrumento de indagación, de creación, para transitar más allá de los límites.

¿Qué quiere decir ir más allá de los límites, por ejemplo, con los ojos? Quiere decir, no sólo reaccionar frente a lo que normalmente se ve, sino aprender a ver lo que anteriormente no se veía, gracias a una actitud de indagación. Los ojos construyen su propio camino cuando, con una actitud intensa, constante y apasionadamente interesada, van viendo, continuamente y sin detenerse, más allá de los límites, novedad tras novedad. Ir más allá de los propios límites con la conmoción y el sentimiento es adentrarse, por propia iniciativa y libremente -no llevado por la nariz, como los osos-,en un mundo de realidades y emociones que es cada vez más independiente del ámbito de mis necesidades e intereses y que es cada vez más libre de referencias a un yo.

Aprender a concentrarse es aprender a autorregirse y conducir por sí mismo todos nuestros niveles de percepción, conocimiento, sentimiento y acción. A quien quiera hacer el camino religioso, le es preciso ese aprendizaje, porque tendrá que entrenarse a andar por donde los caminos no están trazados, ni para los ojos, ni para la mente, ni para el corazón. Tendrá que aprender a andar por donde nada ni nadie arrastra o lleva a ninguna parte, sino por donde, sin caminos trazados, sólo uno mismo puede llevarse a sí mismo.

En la vida cotidiana, todas nuestras actividades de percepción y sentimiento, tanto a los niveles conscientes como a los inconscientes, tienen un fuerte viento a la espalda que les empuja: el interés que nace de la necesidad. Cuando se camina por donde señalan los maestros de las tradiciones religiosas, no hay viento a la espalda; uno camina libremente, sin que nada le empuje; pero camina, también, sólo por propia iniciativa, llevándose a sí mismo por completo.

El silenciamiento del deseo

Cuando las tradiciones religiosas invitan a callar el deseo, a morir al deseo, -en simbología agraria-, no pretenden matar nuestra capacidad de conmovernos y amar; al contrario, pretenden conducirnos a aprender a conmovernos frente a la maravilla de lo que nos rodea, no porque sirva a mi condición indigente, sino porque la maravilla de lo que existe, por sí misma y sin referencia egoísta ninguna, merece que uno se conmueva ante ella.

Quien ama a algo o a alguien, conducido y arrastrado por el deseo, ama primariamente satisfacer su necesidad con el objeto o la persona amada; ama, también, es cierto, a la cosa o a la persona que le satisface, pero no puede concebir su amor desconectado de su propia necesidad y satisfacción.

Aprender a callar el deseo es aprender a amar a cosas y personas, por sí mismas, independientemente de la relación que puedan o no tener con mi propia necesidad y satisfacción.

Aprender a silenciar el deseo es aprender a amar verdaderamente, a conmoverse con todo verdaderamente, libre de toda referencia a uno mismo.

Quien aprende a callar el deseo, sin destruir o atrofiar su capacidad de conmoverse y sentir, aprende a maravillarse y amarlo todo, no sólo lo que a él le atañe.

El silenciamiento de la interpretación

Silenciar la interpretación que nuestra vida cotidiana o científica hace de la realidad, manteniendo, a la vez, un estado mental y perceptivo extremadamente lúcido, es el arduo aprendizaje de un conocimiento inmediato, espontáneo y directo.

Mientras no somos capaces de callar por completo nuestro mundo de conceptos, teorías, imágenes, mitos y símbolos, todos ellos se interponen entre nosotros y la realidad; conceptos, teorías, imágenes, mitos y símbolos proyectan y diseñan lo real desde las perspectivas y los intereses del yo. Actuado así, mantenemos al yo como centro y a toda la realidad como un círculo que gira en su entorno.

Nuestras interpretaciones de lo real re-presentan lo real; la representación, los representantes, tienden a sustituir la realidad. La mediación nos distancia de la realidad, aunque, por ello mismo, nos la haga más manejable.

Nuestras interpretaciones de la realidad, las cotidianas, las científicas e incluso las religiosas, -y debe remarcarse que también las religiosas-, diseñan "ese misterio y esa complejidad insondable que nos rodea" a la medida de nuestras proporciones y a la medida de los moldes de nuestras necesidades. Callar las interpretaciones es apartar las mediaciones y es, sobre todo, forzar a ponernos en contacto con esa inmensidad y maravilla que nos rodea, que es totalmente independiente, autónoma y ajena a todos los diseños que nuestra pequeñez haga de ella para protegerse y para poderla usar.

La acción desinteresada

Nuestra actuación es la propia de un viviente necesitado. Es una acción estimulada por los objetos que pueden satisfacernos. Por eso hemos comparado nuestra actuación a la de un cazador. Nos interesan las realidades y actuamos, cuando se presentan ante nosotros como algo que nos puede satisfacer.

Los maestros de las tradiciones proponen un uso estratégico de la acción. Dicen: hay que actuar, y actuar siempre, pero sin buscar los frutos de la acción. Hay que actuar sin buscar con nuestra acción, nuestra propia satisfacción.

¿Qué se busca, entonces, con la acción? El bien de otros.

Así la acción que no busca los frutos de la acción hacer de sí misma un don.

Quien hace de su acción un don, transforma al cazador en un amante. Quien ama intensamente, se vuelve todo él hacia lo que ama. Quien se vuelca por completo a lo que ama, lo conoce.

El amor es conocimiento y comunión, no representación, diseño y distancia.

Esta acción gratuita es la que propone el hinduismo cuando habla de la acción sin buscar los frutos de la acción; es la que propone el budismo con su invitación a un amor incondicional por todo lo que existe; es la que prescribe el islam cuando hace de todo musulmán un responsable de la comunidad entera y de cada uno de sus miembros; y es la que propone el cristianismo con el mandato de amor al prójimo.

El silencio a través de la devoción

Algunas tradiciones religiosas incitan al silenciamiento interior a través de la devoción a una representación, un símbolo, una imagen de la suprema realidad, de Dios.

La meditación constante sobre la imagen divina -imagen humana de la divinidad, Dios-hombre-, la entrega totalitaria a su amor y servicio tiene todo el poder descentrador, a la vez, de la acción gratuita, de la concentración y del amor apasionado.

Quien se entrega al amor y servicio de su Señor, deja de girar sobre sí mismo y silencia, así, la construcción que hace de la realidad desde su centro egoísta.

Quien se entrega a su Señor, aprende a verle en el principio, en el medio y en el fin de todas las cosas y de sí mismo.

El devoto aprende a ver el rostro del amado en todas las cosas.

Esta forma de hacer el camino religioso tiene muchas ventajas, -dicen los maestros-, porque la vía del amor y el servicio está al alcance de cualquiera y porque, sobre todo, la imagen divina es capaz de polarizar todos los aspectos de nuestro ser: los perceptivos y sensitivos, los cognoscitivos y los activos, los de nivel consciente y los de niveles inconscientes.

Sin embargo, el camino devoto tiene alguna dificultad para una cultura como la nuestra que ni es teísta ni es propensa a devociones ni a imágenes sagradas.

Para que la devoción sea un camino religioso válido y no se convierta en idolatría y obstáculo, se requiere que el devoto, con su culto y amor a la imagen, al símbolo divino, con su uso de la representación sagrada, haga el silencio completo en su interior; es decir, se requiere que con su devoción calle toda representación e imagen. El culto y el amor a la figura divina debe conducir a silenciarla, a trascenderla, a dejarla atrás, a liberarse de ella. Quien no pueda trascender la imagen hasta el punto de liberarse de ella, hasta el punto de poder prescindir de ella, confunde "lo que hay que ver" con "su representación"; confunde la inmediatez del conocimiento y la presencia, con la distancia de la representación; confunde lo que se dice desde sí mismo, con lo que se dice desde nuestra construcción.

El devoto sale de sí mismo para entregarse a una imagen de Dios; o mejor, el devoto utiliza una imagen de Dios para arrancarse de sí mismo. Cuando ya se ha arrancado de su centro, debe aprender a sobrepasar todas las imágenes y los símbolos que los humanos construimos de Dios y hasta de Dios mismo, porque Dios también es una imagen, un símbolo.

Los símbolos, las historias y narraciones sagradas, los personajes divinos, todos nuestros mitos y representaciones, todas son construcciones humanas; son sagradas y venerables, pero son, a la vez, puros instrumentos para silenciar al constructor, para silenciar la necesidad.

Todas esas construcciones -todas, incluso las contenidas en las Sagradas Escrituras- están hechas con los materiales que emplea el constructor necesitado para hacer un mundo a su medida. Son construcciones que se usan para silenciar. Puesto que son construcciones que se utilizan para silenciar, hemos de decir, con toda propiedad, que son construcciones que si se utilizan correctamente han de conducir a abandonarlas y a prescindir de ellas.

Todas las historias sagradas, representaciones y dioses son instrumentos para nuestra indagación de lo que aquí, -en todo y en nosotros-, viene, y que ya no es nuestra construcción. Como instrumentos de indagación, los utilizamos para orientar convenientemente nuestros perceptores, nuestra mente y nuestros sentimientos; para orientar todas nuestras facultades e imprimirles un dinamismo de interés y amor descentrado; para aprender, a través de ellas, a ver, sentir, conocer y actuar, con toda intensidad y entrega, olvidando el propio interés, el propio centro, el yo.

Puesto que todas nuestras historias sagradas, mitos, símbolos y representaciones de Dios son instrumentos de nuestra indagación para ver, sentir y comprende lo que ya no es nuestra construcción, tenemos dioses, los amamos y los servimos, para conocer y sentir de tal manera que ya no sea necesario tenerlos. Así hablan los maestros.

Todos los métodos que proponen los maestros tienden a lo mismo y tienen, prácticamente, la misma eficacia. Cada método tiene sus ventajas y sus desventajas. Los hemos presentado como si pudieran funcionar autónomos unos de otros, pero, en la práctica, todos se implican. Quien trabaja desde el deseo, calla la interpretación, la valoración y la acción.

Quien trabaja desde el silenciamiento de la interpretación, calla al deseo, la valoración y la acción que el deseo desencadena.

Quien trabaja desde la acción gratuita, silencia el deseo y la construcción interpretativa y valorativa que el deseo levanta.

Quien trabaja desde la entrega devota, calla su interés para servir a su Dios y termina viendo y sintiendo como su Señor.

TEXTOS

El objetivo de todos los caminos: el silencio

Acallar el monólogo interior que edifica y mantiene en vida el mundo de nuestra vida cotidiana es la pretensión de la enseñanza de todos los maestros de las tradiciones religiosas.

La primera tarea de un maestro es introducir la idea de que el mundo que creemos ver no es más que una imagen, una descripción del mundo. Cada esfuerzo del maestro está destinado a probarle esto al aprendiz. Pero hacer que lo acepte es una de las cosas más difíciles; cada uno de nosotros está atrapado, con satisfacción en su propia representación del mundo; ésta nos empuja a sentir y actuar como si conociéramos verdaderamente alguna cosa del mundo. Un maestro, desde el primer acto que realiza apunta a poner fin a esa representación. Los brujos (maestros indios) llaman a esto, interrumpir el diálogo interior, y están convencidos que es la sola técnica y la más importante que hay que enseñar al aprendiz.[191]

Hay que llegar a comprender que nuestro mundo es sólo una representación que hay que silenciar; incluso nuestro mundo religioso es una construcción que hay que silenciar.

...no se puede llegar a la totalidad de sí mismo más que cuando se ha comprendido definitivamente que el mundo no es más que una representación, sea esa la del hombre ordinario o la del brujo (la religiosa).[192]

Cuando se inicia el silencio, se para la construcción del mundo a la medida de la necesidad. Sólo entonces se inicia la instrucción, la guía y el conocimiento.

El silencio es la forma más elevada de instrucción espiritual.[193]

---

191. Castaneda, Carlos: *Relatos de poder.* Pg. 225.
192. Castaneda, Carlos: *Relatos de poder.* Pg. 233.
193. Ramana Maharshi: *L'enseignement de.* Pg.381

El silencio es la iniciación mejor y la más poderosa.[194]

La mente es el gran asesino de lo Real. Aprenda el discípulo a matar al asesino.[195]

Nuestro espíritu está repleto de pensamientos y un solo pensamiento contiene diez millones de ilusiones, dicen los sutras.[196]

-¿En qué consiste el Silencio?

-El silencio no consiste en cerrar la boca; es un eterno discurso.

-No lo comprendo.

-El estado que trasciende la palabra y el pensamiento, eso es el silencio.

-¿Cómo llegar a ello?

-Concentraros sobre cualquier concepto y remontad a su fuente. Desembocaréis en el silencio. Cuando esta práctica se convierta en natural, se producirá el silencio. La meditación desnudada de actividad mental es silencio. El control mental es meditación. La meditación profunda es eterna elocuencia.[197]

Si observáis las idas y venidas de vuestro mental, los pensamientos se pararán y descubriréis la Paz del Espíritu que constituye vuestra naturaleza verdadera.[198]

Tilopa ha dicho:
No imagines, no pienses, no analices,
no medites, no reflexiones;
mantén la mente en su estado natural.[199]

Mantener la mente como la del niñito que mira con la más intensa viveza mental los frescos de un templo.[200]

194. Ramana Maharshi: *L'enseignement de*. Pg.372
195. Humphreys, CH.: *Concentracion y meditación*. Pg. 130.
196. Yoka Daishi: Shodoka. En: T. Deshimaru: *El canto del inmediato satori*. Pg. 138.
197. Ramana Maharshi: *L'enseignement de*. Pgs.176-177.
198. Ramana Maharshi: *L'enseignement de*. Pg.281.
199. Evans-Wentz, W.Y.: *Yoga tibetano y doctrinas secretas*. Pg. 160.
200. Evans-Wentz, W.Y.: *Yoga tibetano y doctrinas secretas*. Pg. 165.

La práctica atenta de la tranquilidad del corazón descubrirá la visión de un abismo vertiginoso; el corazón en reposo (hesychia) escuchará de Dios cosas extraordinarias.[201]

El silencio del hombre que vive en la igualdad de ánimo es una plegaria.[202]

El maestro de la Doctrina, Gampopa, ha dicho:
"Cuando el espíritu se afloja, alcanza la quietud.
Cuando nada se agita, el agua se torna clara." [203]

Este mundo es un escenario instalado por el alma, que juega a protagonista, mientras Atman asiste silencioso como espectador.[204]

El silencio y la vigilancia, una pareja inseparable

El silencio debe ir siempre acompañado de la vigilancia y la alerta interna, de lo contrario, el silencio es equivalente al sueño o a la muerte.

El proceso de liberación se opera por la lucidez, por la vigilancia y la atención.[205]

Mediante su energía, su autocontrol y autodominio, mediante su estado de alerta y vigilancia, debe el sabio hacerse una isla que no sumerja la torrentada.

Los hombres necios y torpes se dan a la indolencia; el sabio cuida su estado de alerta y vigilancia como su mejor tesoro.[206]

El estar alerta y vigilante es el camino hacia la inmortalidad, la desidia es el camino hacia la muerte; los que están alertas y vigilantes no mueren, los que son desidiosos son como los muertos.

201. Hesiquio de Batos. En: *Filocalia. Sants Pares.* Pg. 81.
202. Isaac de Nínive. En: *Filocalia. Sants Pares.* Pg. 59.
203. David Neels, A.: *Iniciaciones e iniciados del Tibet.* Pg. 219.
204. Valmiki: *El mundo está en el alma.* Pg.50.
205. Deshimaru, T.: *La práctica de la concentración.* Pg. 65.
206. *Dhammapada. II, 25, 26.*

Los pandits en vigilancia, sabiendo esto en forma clara, se deleitan en el estado de alerta y vigilancia, gozosos en el reino de los ariyas (nobles).[207]

Velad, pues, porque no sabéis cuándo llegará vuestro Señor. Pensad bien que si el padre de familia supiera en qué vigilia vendría el ladrón, velaría y no permitiría horadar su casa. Por eso vosotros habéis de estar preparados, porque a la hora que menos penséis vendrá el Hijo del hombre.[208]

El silenciamiento del deseo

La necesidad y su manifestación, el deseo, es el constructor del mundo de dualidad de los vivientes.

¡Oh Bharata! Todos los seres creados se descarrían por el espejismo de la dualidad, originada por el deseo y la repulsión.[209]

No existe fuego como la pasión, no existe demonio que se posesione de uno como el odio, no existe red semejante al error, no existe torrentada como el deseo.[210]

El deseo y su construcción tienden un velo que oculta la realidad al verdadero conocimiento.

El conocimiento es ahogado por éste su irreconciliable enemigo, que con el aspecto del deseo es un insaciable fuego.[211]

..."para la especulación espiritual, el mundo es un nombre colectivo que comprende todo lo que llamamos pasión" dice San Isaac Siríaco. Para este gran asceta y místico, las "pasiones son elementos que se suceden en la corriente incesante del mundo. Donde cesan las pasiones, el mundo se para en su curso. Donde la corriente de las pasiones se para, el mundo muere."

207. *Dhammapada. II*, 21
208. Mt. 24, 42-44.
209. *Bhagavad-Gita.* VII, 27.
210. *Dhammapada. XVIII*, 251.
211. *Bhagavad-Gita.* III, 39.

El mundo expresa aquí una dispersión, un errar del alma por el exterior y una traición a su propia naturaleza.[212]

Hay que morir al deseo, ello es equivalente a morir a sí mismo; sólo el que muere a sí mismo accede al conocimiento.

¡Tú que construyes la casa!, te he descubierto, no me harás una nueva casa, todas tus vigas han sido rotas y el techo destruido; mi mente se ha despojado de todo aquello que produce la existencia y ha alcanzado la destrucción de los deseos.[213]

Son felices los que no tienen nada,
pues los que no tienen nada
han alcanzado el más alto conocimiento.
Mira como sufre el que tiene algo.
El hombre tiene su mente encadenada al hombre.[214]

Morir antes de morir.[215]

...el que no toma su cruz y sigue en pos de mí, no es digno de mí. El que halla su vida, la perderá y el que la perdiere por amor de mí, la hallará.[216]

¡Niégate a ti mismo! ¡Afirma la existencia del solo verdadero!

Este es el sentido de "no hay más dios que Allâh".[217]

Una vez un hombre llegó a la puerta de su amigo.
Su amigo dijo, "¿Quién eres, Oh fiel?"
El dijo, "Soy yo". El respondió, "no hay admisión. No hay lugar para el "crudo" en mi fiesta bien cocida.
¡Nada sino el fuego de la separación y la ausencia
puede cocer al crudo y librarle de la hipocresía!
Puesto que tu "ego" aún no te ha dejado

---

212. Lossky, Vladimir: *Teología mística de la Iglesia de Oriente.* Pgs. 148-9.
213. *Dhammapada. XI,* 154.
214. *Udana.* 73.
215. Tradición profética: Ibn Arabí: *El tratado de la unidad,* Pg. 29; Rumí: *Fihi-ma-fihi.* Pg. 158.
216. Mt. 10,38-40.
217. Abû Sa'îd. En: Pareja, F.M.: *Laz religiosidad musulmana.* Pg. 445.

debes arder en feroces llamas."
El pobre hombre se alejó, y durante todo un año
viajó ardiendo de dolor por la ausencia de su amigo.
Su corazón ardió hasta que estuvo cocido; entonces regresó
y se acercó a la casa de su amigo.
Llamó a la puerta con miedo y turbación
de que alguna palabra descuidada pudiera caer de sus labios.
Su amigo gritó: "¿Quién está en la puerta?"
El respondió, "¡eres Tú quien está en la puerta, Oh Amado!".
El amigo dijo, "puesto que éste soy yo, déjame entrar,
no hay lugar para dos "yos" en una casa".[218]

La pobreza completa alumbra el conocimiento.

La existencia empieza a revelarse cuando no hay nada que esperar, cuando el espíritu deja de estar vuelto a obtener algo.[219]

Debemos comprender claramente que cada criatura, cualquiera sea el lugar en que se encuentre, gira alrededor de su necesidad y está indisolublemente ligada a ella: "Su necesidad está más cerca que su padre y que su madre, y a ella está unido". Su necesidad es como una cadena, como una brida que lo tironea de aquí para allá.[220]

Si quieres ser perfecto, ve, vende cuanto tienes, dalo a los pobres, y tendrás un tesoro en los cielos, y ven y sígueme.[221]

¡Oh Partha!, el hombre que se libera de todo deseo y que se satisface en el Yo por el Yo, ése es el que tiene una sabiduría firme.[222]

No desear nada no equivale a no amar nada, no equivale a la insensibilidad, por el contrario, no desear nada es el inicio del verdadero amor. Sólo quien ama con completo desinterés, ama verdaderamente.

218. Rumi, Jalal-ud-din: *El Masnavi*. Pgs. 64-65.
219. Houa-T'eou: *Initiation aux bouddhismes Tch'an et T'ai*. Pg.154
220. Rumi, Djalal-ud-din: *Fihi-ma-fihi*. Pg. 17
221. Mt. 19,21.
222. *Bhagavad-Gita*. II, 55.

Me dijo que el hecho de no desear nada era el fin más bello de un guerrero. Estúpidamente, sin embargo, yo había ampliado el sentido de no desear nada hasta que se convirtió en no amar nada. Así mi vida se convirtió en algo enojoso y vacío.[223]

El silenciamiento de la mente

Hay que esforzarse por callar por completo el pensamiento.

Con tal que podáis desembarazaros del pensamiento conceptual, habréis consumado todo cuanto hay que consumar.[224]

De todo lo que vemos, sentimos, olemos, oímos, pensamos, nada es real. Esta es la razón por la que deberíamos liberarnos del concepto de realidad de los objetos. Aquel que crea en la realidad de los objetos se encuentra atado por este concepto mismo que es enteramente ilusorio.[225]

Cuando la actividad mental comienza, los diversos objetos existen.

Cuando la actividad mental cesa, los diversos objetos dejan de existir.[226]

Los pensamientos, he ahí al enemigo. Corresponde a la creación del mundo. En su ausencia, no hay más nada, ni creación, ni Dios creador. No hay más que la felicidad del Sí que es el Ser único.[227]

Los maestros proponen algunos métodos para acallar el pensamiento:

Dhyâna (la concentración) consiste en concentrarse sobre un solo pensamiento excluyendo todos los demás.[228]

223. Castaneda, Carlos: *Relatos de poder*. Pg. 236
224. Blofeld, John: *Enseñanzas zen de Huang Po*. pg. 47.
225. Hui-Neng: *Vida y enseñanzas de*. Pg. 122.
226. Hui-Neng: *Vida y enseñanzas de*. Pg. 129.
227. Ramana Maharshi: *L'enseignement de*. Pg. 276.
228. Ramana Maharshi: *L'enseignement de*. Pg. 316.

La erradicación de un pensamiento en el preciso momento en que surge como un rayo, se practica como sigue:

Al meditar, uno descubre que, debido a la mente que responde a los estímulos, los pensamientos brotan continuamente. Sabiendo que ha de impedirse incluso el nacimiento de una simple idea, uno debe tratar de inhibir este continuo brotar de pensamientos, mediante el ejercicio de la vigilancia mental. De esta manera, tan pronto brote un pensamiento procura cortarlo por completo de raíz, y continúa meditando.

Al prolongar, durante la meditación, el lapso en que se realizan esfuerzos para impedir el surgimiento de pensamiento, uno, al final, toma conciencia de que los pensamientos se suceden muy próximos, pisándose los talones unos con otros, en cantidad tan grande que parece interminable. Este es el reconocimiento de los pensamientos, que se iguala al conocimiento del enemigo.

...el yogin entonces, mentalmente imperturbado, contempla el interminable fluir de pensamientos, como si se hallase reposando tranquilamente a la orilla de un río, observando el fluir del agua que pasa.[229]

...se impide que un pensamiento dé paso a otro pensamiento.

Estar en el estado en el que la ininterrumpida corriente de la conciencia funciona automáticamente.

El arte de mantener la mente en ese estado en el que no existe inhibición ni reacción ante los pensamientos, al percibirse estos, ha sido comparado con el estado de indiferencia que muestra un elefante cuando se pincha con espinas.[230]

El silencio no es ausencia de conocimiento, por el contrario, es el origen del conocimiento verdadero, el conocimiento de la Unidad.

---

229. *Mahamudra.* 46,47.
230. *Mahamudra.* 69,70,71.

Por favor, pensad desde el fondo del no-pensamiento. No penséis desde el fondo del pensamiento.[231]

Si uno ha comprendido plenamente, todas las cosas son Eso;
nadie descubrirá otra cosa que Eso.
Lo que se lee es Eso, lo que se memoriza es Eso,
y lo que se medita es también Eso.[232]

El conocimiento más pleno es silencioso porque es incapaz de proferir una palabra.

El que conoce a Dios es mudo.[233]

La acción gratuita, el don, origina el silencio y, con él, el conocimiento

La acción puede convertirse en instrumento de conocimiento y paz si se hace don.

Cuando la gran puerta del don
está abierta, no existen más obstáculos.[234]

Por la acción, según Evagrio Póntico, el hombre debe desembocar finalmente en un estado impasible (apaceia), en la independencia de su naturaleza, que ya no está sujeta a las pasiones y que ya no está afectada por nada. La apaceia -impasibilidad- no es un estado pasivo.[235]

Es imposible dejar de actuar. Hay que actuar, pero sin buscar los frutos de la acción.

Tú debes perseguir la acción, pero sólo a ella, no a sus frutos; que estos no sean tu acicate; mas, por el contrario, no te entregues a la inacción.

231. Maestro Dogen. En: Deshimaru, T. *La práctica de la concetración*. Pg. 11.
232. *Mahamudra*. 115.
233. Nicholson, R.A.: *Los místicos del Islam*. pg. 86.
234. Yoka Daishi: Shodoka. En: Deshimaru,T.: *El canto del inmediato satori*. Pg. 178.
235. Lossky, Vladimir: *Teología mística de la Iglesia de Oriente*. Pg. 151.

Cuando hayas alcanzado el yoga, realizarás tus acciones sin interés, impertérrito ante el fracaso o el éxito, pues esta tranquilidad de ánimo es lo que produce el yoga.

¡Oh Dhananjaya!, las obras son inferiores al yoga de la inteligencia; el mejor refugio es el que ofrece la inteligencia; sólo las almas pobres y desgraciadas cifran, como objeto de su pensamiento y su actividad los frutos de sus obras.[236]

Quien no desea los frutos de sus acciones, quien está perpetuamente satisfecho sin depender de nada, no obra aunque se introduzca en la acción.[237]

Hay que actuar como Dios, sin buscar ningún bien para sí.

¡Oh, hijo de Pritha!: yo no tengo que hacer ninguna obra ni en el mundo físico, ni en el vital, ni en el de la mente; yo no tengo nada que conseguir, pues ya lo he conseguido todo, y sin embargo, no me abstengo de la acción.[238]

Un precepto nuevo os doy: que os améis los unos a los otros; como yo os he amado, así también amaos mutuamente. En esto conocerán todos que sois mis discípulos: si tenéis amor unos para con otros.[239]

El hecho es que, si hay una sola cosa en la que los maestros de Zen insisten de manera especialísima, tal cosa es el servicio a los demás, trabajar por los demás, no ostentosamente, sino en secreto, procurando que otros no lo sepan.[240]

Uno no vive de sus obras, sino de los restos de su don.

Los hombres piadosos que comen los restos del sacrificio eliminan de ellos todo pecado, pero los que preparan los alimentos para sí mismos son pecadores.[241]

236. *Bhagavad-Gita*: II, 47,48,49.
237. *Bhagavad-Gita*: IV,20.
238. *Bhagavad-Gita*: III, 22.
239. Jn. 13,34-5.
240. Humphreys, Ch.: *Concentración y meditación*. Pg.162
241. *Bhagavad-Gita*: III, 13.

La concentración conduce al silencio y al conocimiento.

La divagación de la mente es un obstáculo; la mente bien dirigida, estable y concentrada es un gran instrumento de conocimiento.

De la concentración de la mente brota el conocimiento; de la falta de concentración, la destrucción del conocimiento. Conociendo estos dos caminos que conducen el uno a la existencia, el otro a la no-existencia, diríjase de tal manera que su conocimiento se acreciente.[242]

El sabio endereza su mente, vacilante e inestable, difícil de retener, difícil de refrenar, como el que hace flechas endereza una flecha.[243]

Siéntate en una celda tranquila, en un rincón escondido, y aplícate a hacer lo que te diré: cierra la puerta y eleva tu espíritu por encima de todo objeto vano o pasajero. Después, apoya la barba sobre el pecho, dirige el ojo del corazón al mismo tiempo que toda tu atención sobre el centro de tu vientre, es decir sobre el ombligo; comprime la aspiración del aire que pasa por la nariz de tal forma que la respiración no sea cómoda, y escruta mentalmente el interior de tus entrañas buscando el lugar del corazón, allí donde todas las facultades del alma gustan de hacerse presentes. Al principio encontrarás tinieblas y una opacidad pertinaz; pero si perseveras, si día y noche practicas este ejercicio, encontrarás -¡oh maravilla!- una felicidad sin límites. Porque en el instante mismo en que el espíritu encuentra el lugar del corazón, ve de repente aquello que hasta entonces jamás había visto. Ve el aire que se encuentra en el corazón y se ve a sí mismo completamente luminoso y lleno de discernimiento. De ahora en adelante, en cuanto apunte un pensamiento, no tendrá tiempo de tomar forma y convertirse en una imagen porque lo perseguirás y lo reducirás a la nada por medio de la invocación de Jesús.[244]

Quédate tranquilo y sereno, poniendo tu fe en tu Conciencia interior. Sabe que el conocimiento es poder y que el conocedor es el ser más poderoso de la tierra; se, pues, sabio en todos los aspectos.[245]

---

242. *Dhammapada*: XX, 282.
243. *Dhammapada*: III, 33.
244. Pseudo-Simeón el Nuevo teólogo. En: *Filocalia dels Sants Pares*. Pg. 128
245. Valmiki: *El mundo está en el alma*. Pg.60.

El ignorante ve por aquí placer, y por allá dolor; pero el sabio todo lo ve como reflejo del gran Atman subyacente y por esa razón no se ve afectado por ello.[246]

El ejercicio de la razón rigurosa y de la duda no es obstáculo, si conduce a las puertas del palacio del Rey, y sabe pararse ante ellas.

"Sí, Kâlâma, es justo que dudéis y que estéis perplejos, por que la duda se levanta en una cuestión que es dudosa. Ahora, escuchad, Kâlâma, no os guiéis por relaciones, por la tradición o por lo que habéis oído decir. No os dejéis guiar por la autoridad de los textos religiosos, ni por la simple lógica o la inferencia, ni por las apariencias, ni por el placer de especular sobre opiniones, ni por verosimilitudes posibles, ni por el pensamiento" es nuestro Maestro". Sino que, Kâlâma, porque sabéis, por vosotros mismos, que ciertas cosas son desfavorables, falsas y malas, entonces, renunciáis a ellas... Y cuando, por vosotros mismos, sabéis que ciertas cosas son favorables y buenas, entonces, las aceptáis y las seguís".

Buda dijo a los Bhikkhu que un discípulo debería examinar incluso al Tathâgata mismo, de forma que el discípulo pueda estar completamente convencido del valor verdadero del maestro que sigue.[247]

La razón es buena y deseable hasta que ella te hace llegar a la puerta del Rey. Cuando hayas llegado, repúdiala, ya que, como un bandolero, la razón te es perjudicial y nociva. Cuando llegas a El, abandónate a El, no tienes nada que hacer con el "cómo" y el "por qué".[248]

A pesar de los esfuerzos que hace la razón, ella no puede comprender; sin embargo, no renuncia a estos esfuerzos, ya que si lo hiciera dejaría de ser razón. La razón, incesantemente, noche y día, está inquieta y atormentada por el pensamiento, el esfuerzo y las tentativas para alcanzar a Dios el Altísimo, aun cuando El sea inalcanzable. La razón es como la mariposa, y el Bienamado como la llama. Cuando la mariposa se arroja sobre la llama, se quema y aniquila. La mariposa representa a aquél que, a pesar de

---

246. Valmiki: *El mundo está en el alma.* Pg. 110.
247. Walpola Rahula: *L'enseignement du Bouddha.* Pg. 21.
248. Rumi, Djalal-ud-din: *Fihi-ma-fihi.* Pg. 147.

ser quemado y torturado, no puede soportar estar alejado de la llama. Todo ser viviente que se apasiona por la llama y se arroja sobre ella, es también una mariposa. Pero si la mariposa se arroja sobre la llama sin quemarse, la llama no es tal. Del mismo modo, si el hombre no está apasionado por Dios y no hace esfuerzos para alcanzarlo, no es un hombre. Más, si pudiera ser alcanzado por la razón, El no sería Dios. El hombre es el que se esfuerza y gira alrededor de la luz de la Majestad divina sin tregua ni reposo. y Dios es Aquél que quema el hombre y lo aniquila. Ninguna razón puede alcanzarlo.[249]

La concentración debe ser, no una fijación obsesiva, sino una indagación. Hay muchas formas de concentración porque hay muchas formas de indagación.

He aquí los tres elementos del control respiratorio (prânâyâma) (de la indagación del yo):
Na-Aham. (No-yo).
Ka-Aham. (Quién-yo).
Sa-Aham. (El-yo).[250]

Quien fija su mente en Esto, vuelve su conciencia hacia Esto. Quien establece como único fin y exclusivo objeto de su devoción Esto, irá a un lugar en donde no hay retorno, pues el agua del conocimiento ha lavado sus pecados. [251]

El Atman es esencialmente Sat-Chit-Ananda, ser, conciencia y felicidad eterna y pura, como el sol es esencialmente luz, como el agua es naturalmente fresca y como el fuego es por sí mismo calor.[252]

Es sabio quien comprende que toda acción es producida por la Naturaleza y que el Yo es un testigo inactivo.

Quien ve que los distintos seres existentes residen en el Ser eterno y único, alcanza el Brahman.[253]

249. Rumi, Djalal-ud-din: *Fihi-ma-fihi.* Pg. 57.
250. Ramana Maharshi: L'enseignement de. Pg. 384.
251. *Bhagavad-Gita:* V, 17.
252. Sankaracharya: *Hymnes et chants vedantiques.* Pg. 60-1.
253. *Bhagavad-Gita:* XIII,30,31.

La devoción como vía al silenciamiento y al conocimiento

Los textos invitando al amor y a la devoción, están presentes en todas las tradiciones y son bellísimos especialmente en el hinduismo, el islam y el cristianismo. El amor y la devoción son el camino hacia la Unidad.

El amor no se destruye sino con otro amor.[254]

Entre todos los yoguis, yo considero como el mejor unido conmigo, al que se ha entregado a Mí por completo, al que cree en Mí y me ama.[255]

Por ello, debes pensar en Mí en todo momento y luchar contra las tentaciones; pues si tienes tu mente y tu inteligencia dirigidas y entregadas a Mí en todo momento, te unirás Conmigo.[256]

¡Oh, Partha! Fácilmente se unirá a Mí quien me recuerda sin cesar, sin pensar en ningún otro ser.[257]

Yo estoy igualmente en todas las criaturas; no odio a ninguna ni a ninguna quito mi cariño, pero quienes me miran con amor y devoción, están en Mí y Yo estoy en ellos.

¡¡Oh, hijo de Kunti!, esta es mi palabra y mi promesa; quien me ama no perecerá.

(...) ¡Oh Partha! Todo el que se refugia en mí alcanzará la suprema felicidad...

(...) Impregna tu alma de Mí, ámame, adórame, hazme sacrificios y prostérnate ante Mí; de este modo te unirás a Mí y Yo seré para ti tu último fin.[258]

Ahora voy a enseñarte la doctrina más secreta y elevada; por tu bien lo haré, ya que eres mi bien amado.

Yo te aseguro y te prometo, porque te amo, que, si fijas tu pensamiento en Mí y me amas, me adoras y me ofreces sacrificios, arrodillándote ante mí, te unirás Conmigo.

---

254. Rumi, Djalal-ud-din: *Fihi-ma-fihi.* Pg. 148
255. *Bhagavad-Gita.* VI,47.
256. *Bhagavad-Gita:* VIII,7.
257. *Bhagavad-Gita:* VIII,14.
258. *Bhagavad-Gita:* IX, 29,31,32,34.

Refúgiate en Mí, renunciando a todas las leyes y Yo te libraré del mal y del pecado.[259]

Si alguno me ama guardará mi palabra, y mi Padre le amará, y vendremos a él y en él haremos morada.[260]

Quien me ve en todo lugar y ve todo en Mí nunca está separado de Mí, ni tampoco yo lo aparto de Mí.

El yogui que ha alcanzado la unidad y me ama a través de todos los seres, siempre vive y obra en Mí, de cualquier modo, que viva y obre.[261]

¡Oh Partha!. Yo libero del mar de la existencia y de la sujeción a la muerte a quienes me adoran, piensan en Mí sin desfallecer, me entregan por completo su conciencia, se desligan de sus acciones y me son devotos.[262]

¡Oh, Gudakesha! Yo soy quien reside en el corazón de todas las criaturas; Yo soy el principio, el medio y el fin de todos los seres.[263]

El camino del amor y la devoción es el más fácil de los caminos, el que está más al alcance de todos, cuando culturalmente es posible.

Como hay muchos caminos en este camino del espíritu, podrá ser acierte a decir de alguno de ellos algún punto. (...) Algunos he topado que les parece está todo el negocio en el pensamiento. No digo que no es merced del Señor, quien puede siempre estar meditando en sus obras, y es bien que se procure; mas hace de entender que no todas las imaginaciones son hábiles de su natural para esto, más todas las almas lo son para amar. (...) Mas esta fuerza tiene el amor si es perfecto, que olvidamos nuestro contento por contentar a quien amamos. (...) Cuando estéis empleadas en cosas exteriores, entended que, si es en la cocina, entre los pucheros anda el Señor, ayudándoos en lo interior y exterior.[264]

259. *Bhagavad-Gita*: XVIII, 64,65,66.
260. Jn. 14, 23.
261. *Bhagavad-Gita*: VI, 30,31.
262. *Bhagavad-Gita*: XII,6,7.
263. *Bhagavad-Gita*: X, 20.
264. Sta. Teresa de Jesús: *Fundaciones*. Cap. 5,2; 5,8.

5. SAGRADAS ESCRITURAS, MITOS, SIMBOLOS Y DOCTRINAS COMO INSTRUMENTOS DE INDAGACION RELIGIOSA

Hemos visto que el camino religioso es un proceso al que debemos someter todas nuestras facultades para conseguir que se refinen, sutilicen y hagan aptas para ver, comprender y sentir otra dimensión de nuestra realidad, distinta de la habitual cotidiana.

Esa otra dimensión a la que da acceso el proceso religioso es todo esto de aquí, y a nosotros mismos incluidos en ese todo, pero visto, sentido y comprendido ya no desde la magia de la construcción que proyecta nuestra necesidad, sino desde el silencio de esa proyección.

¿Cuál es el papel de las escrituras sagradas, los mitos y símbolos, los grandes escritos de los maestros, las doctrinas religiosas, en ese proceso?

Los grandes textos religiosos intentan expresar:

-primero, dónde hay que llegar; expresan la visión, la comprensión y el sentir de la realidad desde el silencio de las construcciones de la necesidad, desde la actitud gratuita del testigo. Y lo expresan según los moldes culturales de la época y del lugar.

-segundo, explican cómo hacer el camino, es decir, cómo silenciar la construcción y cómo estar, a la vez, atentos para llegar a la visión.

Los grandes escritos religiosos, las sagradas escrituras, son los testimonios de las inmensas indagaciones de los grandes maestros religiosos. Son los testamentos de los resultados de sus vidas vividas como aventuras de indagación, como caminos de búsqueda apasionada e incondicional. Los grandes textos expresan los logros de los maestros, lo que les vino a las manos mientras peleaban duramente por ver y sentir.

Las escrituras sagradas son monumentos que testifican la aventura sobrehumana de la mente y el corazón de algunos hombres y mujeres. Además de ser expresión de la indagación de los grandes que nos precedieron, son, para nosotros, una incitación a la indagación. Son el logro de un camino y la incitación a un camino. Son un gran resultado y un don.

Son, además, una tercera cosa: instrumentos que se nos ofrecen para que los empleemos en nuestra propia indagación.

Los grandes textos nos conmueven, nos sumergen en la misma conmoción, comprensión y visión que tuvieron los grandes para que, a través de esa conmoción compartida, podamos acceder al sabor de la verdad y podamos, con ello, verificar la realidad de la que hablan.

Los grandes textos nos sumergen en la experiencia misma de los maestros y de los grandes genios religiosos; sumergiéndonos en su experiencia, nuestros sentidos, nuestra mente y nuestra carne tienen noticia de la realidad y de la vida de la que hablan los textos.

Los textos nos conmueven con la conmoción de los que ya hicieron el camino. Esa conmoción de ellos se hace nuestra y nos permite algún grado de visión y comprensión. Vivimos la experiencia de ellos como si fuera nuestra; y lo es en cierta medida, porque por la influencia de los grandes textos rehacemos la experiencia en nuestra carne. Pero, en realidad, lo que gracias a los textos compartimos no tiene las raíces en nosotros, por tanto, puede disiparse con rapidez. Para que la experiencia tenga las raíces en nosotros, tendremos que recorrer nosotros mismos el camino que los maestros hicieron. Sin embargo, esa experiencia, en cierta forma prestada, es una noticia potente que se convierte en motivo y en eficaz atracción.

Como los poetas nos abren por unos momentos a la belleza del cosmos, los grandes textos religiosos nos descorren, por unos momentos, la luz de la presencia del misterio. Quien guste el sabor de la gran dimensión de la existencia, del misterio, está marcado para siempre; muchos, a partir de ahí, se pondrán en marcha.

Los grandes textos enseñan a los ojos a reconocer, a los oídos a oír, a la mente a comprender y a la carne a sentir la fuerza violenta y suave de todo lo que hay, cuando no se lo mira desde la perspectiva y la construcción que hace la necesidad.

Los grandes textos, conmoviéndonos hasta las raíces, dicen a todo nuestro ser dónde hay que llegar, en qué dirección está lo que hay que buscar y encontrar. Pero, además, dicen cómo hacer el camino.

Enseñan cómo silenciar el constructor de nuestra cotidianidad, cómo aprender a vigilar intensamente desde el seno del silencio del constructor.

Enseñan como caminar en silencio por esta vida, con los ojos, la mente y el cuerpo vigilantes y con total pasión por todo lo que nos rodea. Una pasión callada, potente, desinteresada e incondicional.

Enseñan que sólo el silencio vigilante lleva a la pasión y que sólo la pasión lleva a la visión y a la comprensión.

Los textos sagrados hablan de lo que está fuera de toda medida, de lo que está más allá de todo lo que nuestras palabras pueden decir.

En nuestra vida cotidiana nos hemos de organizar para vivir de lo que nos rodea porque somos unos vivientes necesitados.

Con nuestra lengua, con nuestras palabras, hacemos diseños de lo que nos rodea de forma que gracias a esos diseños podamos actuar sobre las cosas y vivir.

Diseñamos en función de nuestra depredación, según los medios e instrumentos, -instrumentos físicos y organizativos-, que tenemos para actuar en el medio y vivir.

Con nuestras palabras nos distanciamos lo suficiente de las cosas como para poder hacer de ellas un diseño utilitario; un diseño tal que nos posibilite y facilite la actuación sobre las cosas de forma que no muramos.

Distancia y diseño utilitario; esas son las dos reglas fundamentales de todas nuestras construcciones lingüísticas. Los mitos, las narraciones, los símbolos, los conceptos y las teorías están construidos según esas dos leyes fundamentales.

Los textos sagrados hablan intentando salirse de esas leyes férreas de nuestra lengua. Pretenden empujarnos a saltarnos la distancia que nos separa de las cosas para que tengamos una experiencia de la realidad con inmediatez completa. Quieren que sintamos, toquemos y comprendamos la realidad sin la mediación del diseño, del plano para la acción depredatoria. Incitan, con palabras, a que hagamos la experiencia de qué pueda ser sentir y comprender la realidad sin la mediación del diseño práctico y depredador de nuestras palabras.

Por consiguiente, las escrituras hablan de lo que está más allá de la posibilidad y estructura de nuestra lengua. Hablan de lo que contradice las posibilidades y la función de nuestro aparato lingüístico y representativo.

Los grandes maestros hablan con palabras de lo que está más allá de la frontera de las palabras. Invitan, con palabras, a callar para saltar la infranqueable barrera.

En las nuevas sociedades industriales nos encontramos todavía con otra dificultad añadida a los textos sagrados: nos hablan con palabras y discursos construidos con parámetros y marcos de referencia de culturas desaparecidas y muertas. Nos hablan desde pensamientos y creencias que ya no son ni pueden ser nuestras; nos hablan desde maneras de sentir, valorar y vivir que ya no podemos compartir.

Nuestra lengua es un instrumento creado por el proceso mismo de la vida. La lengua es un instrumento para que el ser humano pueda reconocerse como núcleo de necesidades -como "yo"- y pueda así construirse como un centro autónomo y distinto del medio que le rodea y del que tiene que vivir; es un instrumento para que pueda diseñarse un mundo a la medida de su condición de viviente. La lengua, como instrumento de la necesidad, construye un mundo dual: el yo y sus necesidades, por un lado, y lo que le rodea donde puede satisfacer sus necesidades, por otro.

Los maestros de las tradiciones hablan desde el seno de esa estructura dual, para incitarnos a saltar a un sentir y comprender en el que ya no funcione ese mecanismo interesado y dualizador.

Hablan forzando la estructura y la función de nuestra lengua para conseguir conmovernos en una experiencia de unidad y gratuidad.

Los grandes textos muestran que, por extraño y prodigioso que pueda parecernos, nuestra pobre carne necesitada puede percibir, sentir y comprender la realidad toda, y a sí mismo como parte de ella, desde más allá de las construcciones dualizadoras que nuestra necesidad y nuestra lengua precisan hacer.

Los textos sagrados vienen a ser incitadores y guías para andar por donde no hay ningún camino trazado, porque no se tiene con qué trazarlo ni sobre qué. Los textos son una guía para caminantes que tienen que hacerse el camino al andar.

Los textos son guías prácticas que sólo tienen sentido y hablan, cuando se trabaja duramente con ellas. Si uno camina por la vía a la que incitan, son elocuentes compañeros de camino; si uno no camina son mudos e inertes. Aún entonces, cuando se las escucha caminando, hay que intuir desde lo que dicen, el más allá de toda posibilidad de decir.

Al oírlas hablar hay que dejar lo que dicen a la espalda para pegar nuestro rostro y nuestra carne toda a la inmediatez de la presencia de lo que nos rodea. Oyéndolas hemos de ir a la realidad para sentirla, con las palabras sagradas ya diluidas y calladas.

Cuando los textos sagrados hablan de "Dios Padre, creador del cielo y la tierra", habría que dejarse conmocionar por la afirmación hasta el punto de que todas nuestras facultades se orienten a la visión, al sentir y a la verificación de lo que dice la afirmación: Todo esto que nos rodea es la obra de una subjetividad todopoderosa y benévola.

A la interpretación y valoración que nuestra necesidad hace de las cosas, contrapone la escritura otra interpretación y valoración en la que el centro de referencia ya no soy yo. Las cosas no son meros estímulos para mis apetencias; las cosas son sagradas, obra de Dios, mensajes suyos de sabiduría y de amor.

Cuando ha sido posible conmocionarse verdaderamente con el sentido de esa afirmación, hasta sentir la obra y la persona todopoderosa de Dios, entonces, sólo se ha dado unos pasos por un camino ya descentrado de mi egoísmo, pero todavía estamos dentro de las estructuras duales de la necesidad: las cosas/nosotros, Dios/nosotros.

Si no usamos las palabras sagradas como rampas para lanzarnos al silencio, ocurrirán dos cosas:

-primero, orientamos nuestras facultades al vacío de un mundo imaginario, más allá de este mundo cotidiano, que, por imaginario, no es posible ni ver, ni sentir sino sólo creer; ahí se han acabado las posibilidades de que nuestro sentir y nuestros perceptores sigan un proceso real de sutilización y refinamiento.

-segundo, la firmeza de la creencia nos mantiene anclados y encerrados en un mundo donde no cabe la unidad de la que hablan los maestros de las tradiciones religiosas.

Las palabras "Dios Padre, creador del cielo y la tierra" deben conmovernos hasta que veamos y sintamos el mundo como obra del Padre; pero de tal forma debe empujarnos a la indagación, llena de veneración y amor, de todo lo que nos rodea, de tal forma debe abocarnos a la inmediatez de la realidad de las cosas, que su fuerza diluya los bordes de la afirmación hasta que la experiencia inmediata de lo que aquí, en todo lo que nos rodea, viene, -con las palabras calladas- nos lleve a ver, sentir y comprender con la carne lo que "todo esto" dice de subjetividad, sacralidad, benevolencia, solicitud, sabiduría, inmediatez y unidad.

Las sagradas palabras sólo se pueden entender correctamente si uno se mantiene completamente libre de ellas.

¿Qué es lo que hemos de mantener libre? Nuestra mente, nuestra percepción y nuestro sentir. Tenemos que oír las venerables palabras con el corazón libre de lo que dicen y de cómo lo dicen. Si las potentes palabras produjeran alguna sumisión, en alguno de los niveles de nuestro ser, aniquilarían en nosotros la posibilidad de caminar hacia donde apuntan.

Los textos sagrados no nos amplían nuestro mundo cotidiano con conocimientos, ni nos lo ordenan, estructuran e interpretan con saberes bajados del cielo, porque lo que pretenden es sacarnos de la perspectiva exclusiva de nuestra mirada cotidiana; lo que pretenden callar, relativizar y diluir es, precisamente, la construcción a la medida de nuestra necesidad que de nosotros mismos y de todo lo que nos rodea hacemos. ¿Qué sentido tendría, entonces, ampliar, reforzar, legitimar y absolutizar ese mundo nuestro cotidiano con el aval de la sacralidad?

Cuando los grandes textos, las Sagradas Escrituras hablan, llenas de veneración, amor y postración, no hablan de otro mundo; hablan de este mundo, sólo de éste; pero de unas dimensiones insospechadas que esto tiene, de unas perspectivas que nos llevan más allá de nuestras construcciones domesticadoras; unas dimensiones que nos resultan inmensas y descomunales para las insignificantes medidas de pequeñez de nuestra condición de vivientes necesitados.

Tan desproporcionado nos parece ese mundo que nos descubren los grandes textos, que podemos llamarlo, con cierta propiedad "otro mundo"; pero no lo es en realidad.

Las Escrituras nos enseñan a escuchar. Propiamente no son ellas las que hablan; ellas sólo enseñan a escuchar; quien habla es la realidad. ¿Qué realidad? Esta, la única que tenemos los vivientes delante de los ojos, de la carne y de la mente.

Por tanto, las Escrituras no dicen más que lo que dice todo esto que nos rodea. El mensaje de las Escrituras y el mensaje de todo lo que nos rodea es el mismo porque sólo hay un mensaje, el que nos emite todo esto que nos rodea, tal como viene.

No hay dos libros, uno el de las Escrituras y el otro, el del cosmos. Sólo hay un libro, el del cosmos; el otro libro es sólo pedagogo.

Las Escrituras no hablan sólo a la mente; ni siquiera preponderantemente; hablan a todos nuestros sentidos, a nuestra carne, hasta sus niveles más oscuros, para conmoverla y dinamizarla de forma que ame y conozca.

Todas las Escrituras Sagradas son inagotables tesoros de variedad y riqueza. Pero todas las inmensas profundidades de todos los escritos de todas las tradiciones de la humanidad, con su inabarcable variedad y riqueza no son más que pobres imágenes, patéticas imágenes; clamores desde la insignificancia de nuestra pequeñez para llamar al despertar; para apuntar la aurora; para invitar a caminar; para anticipar el sabor de la verdad; para prefigurar el "sí" completo, la reconciliación con todo y la paz.

Las Escrituras son como el clamor de las aves antes del amanecer. Cuando empieza a clarear el día, todos los cantos callan; se acabaron los anuncios; llegó la inmediatez de la luz. Entonces todo debe diluirse ante el esplendor.

Las Escrituras no invitan a la comprensión de unas verdades y doctrinas formuladas y hechas; no invitan al sometimiento a verdades, sino que invitan a una indagación libre y sin fin; un camino sin parada posible. Y se debe caminar indagando con nuestros ojos y oídos, con nuestro sentir y con nuestra mente. Todas nuestras facultades deben ir continuamente de novedad en novedad, de perplejidad en perplejidad, de pasión en pasión, caminando por un océano sin límites.

Todas las Escrituras Sagradas enseñan que vivimos en la magia de la construcción que hace nuestra necesidad. Y enseñan también que tan construcción es el mundo de nuestra vida cotidiana como el mundo de nuestra vida religiosa.

La paz, el gozo, la verdad y la beatitud están más allá de nuestras construcciones.

Gracias al choque de los dos estilos de construcciones, el de la vida cotidiana y el de la religiosa, podemos colarnos entre una y otra y liberarnos de toda construcción.

Sin embargo, ese más allá de toda construcción está aquí mismo; por tanto, tendremos que continuar usando las construcciones de nuestro mundo cotidiano y las construcciones de nuestro mundo religioso. Pero ahora seremos libres de uno y de otro; podremos usarlos cuando convenga y cómo convenga; cambiarlos cuando convenga; siempre sin sometimiento ninguno, con plena libertad.

Hasta que uno no comprende que todas las Escrituras Sagradas, sean de la tradición que sean, dicen fundamentalmente lo mismo, pretenden lo mismo y cumplen el mismo cometido, nada se ha comprendido ni de las Escrituras, de ninguna de ellas, ni del camino.

De todo lo que precede podrá deducirse con facilidad que las Escrituras Sagradas no ofrecen un proyecto de vida humana bajado del cielo.

No ofrecen un sistema de interpretación de la realidad con garantía divina; no ofrecen unos modos de vida, unas maneras de organizar la sociedad y la familia decretadas por Dios; no ofrecen unos sistemas de valores y de moralidad inmutables, puesto que bajados de lo alto.

No nos proponen un proyecto de vida individual y colectivo inmutable, válido para siempre y con garantía externa a nosotros mismos, con garantía sagrada.

No ofrecen nada de eso porque lo que pretenden es dar acceso a un ver, un sentir y conocer que nace cuando ha callado todo eso, cuando han callado todas nuestras construcciones y proyectos.

Además, si las Escrituras Sagradas ofrecieran eso, estarían irremisiblemente muertas porque nos impondrían unos modos de vida, unas maneras de comprender y sentir, y nos someterían a unos patrones de vida ya muertos; nos someterían a unas creencias y a unos sistemas de control y poder muertos. Los mundos en los que se expresaron las Escrituras están muertos. Nadie puede decir, razonablemente, que lo que ya es carne muerta o polvo de la historia, pueda vivir y dar vida.

Por tanto, en las nuevas sociedades industriales -en el pasado fue de otra manera, aunque no del todo- las Escrituras no ofrecen ningún proyecto de vida, ninguna solución para nuestros problemas; no pueden imponer nada que creer, nada que nos exima de la creación libre y responsable de nuestros sistemas científicos de interpretar la realidad, nada que nos exima de la creación libre y responsable de nuestros sistemas tecnológicos de vida, ni de la invención de nuestras organizaciones y sistemas de comunicación, nuestros sistemas de valores y proyectos de vida.

Los textos sagrados ni siquiera son la solución de los enigmas de la existencia y del destino humano. Las Escrituras nos abren a perspectivas increíbles desde donde todos nuestros enigmas y problemas quedan desplazados y situados en unas dimensiones que llevan a la reconciliación, a la paz, al gran "sí" y al gozo.

Sólo eso pretenden las Escrituras Sagradas y nada menos que eso. Las Escrituras Sagradas nos llevan a comprender y sentir que todos los problemas y enigmas de la pequeña gota de agua que somos quedan desplazados y resituados cuando la pequeña gota de agua se sabe parte indisoluble del océano.

Pero los enigmas y el miedo se diluyen y la paz y el gozo se establecen sólo cuando hemos conseguido desplazar el sentir y comprender de nuestra mente y de nuestra carne más allá de la dualidad que implanta la necesidad. Ni los enigmas de nuestro destino ni el miedo desaparecen, ni nos llena el gozo y la paz cuando sustituimos el arduo y sutil trabajo que es hacer el proceso religioso por la simple sumisión a creencias.

TEXTOS

El camino religioso es el más difícil de los itinerarios que alguien pueda hacer porque es el más exclusivamente personal, el más creativo, el más libre, el más sutil y, a la vez, el más real y concreto.

¿A qué playa te encaminarías, corazón mío?
Nadie te precede; no hay camino.
...

No hay agua, ni barca, ni barquero.
No hay ni siquiera una cuerda para remolcar la barca,
ni barquero para jalarla.
...
Sé fuerte y entra en tu propio cuerpo,
pues ahí es firme tu asidero.[265]

El estudio de las Escrituras es inútil si no se tiene la experiencia práctica de la Verdad Suprema; y siguen siendo igualmente inútiles una vez conocida la Verdad Suprema.[266]

Las Sagradas Escrituras son una guía cuando se las lee de camino, andando; cuando se vive en la propia carne lo que es andar por esa vía de experiencias inconcebibles. Sin el propio andar, sin la experiencia propia, las Escrituras no sirven para nada.

La verdadera naturaleza de las cosas sólo se conoce mediante la experiencia personal, a través de un ojo claro e iluminado, no mediante las descripciones hechas por otros, incluso aunque se tratara de un sabio; el verdadero aspecto de la luna sólo se puede conocer mediante nuestros propios ojos.

Ni tampoco mediante el yoga, ni mediante el Samkya, ni mediante las acciones, ni las lecturas, ni la acumulación de habilidades y experiencias;

---

265. Kabir. *Cien poemas de Kabir.* pg.47.
266. Sankara: *Viveka Chudamani.* 59.

sólo mediante la experiencia práctica de nuestra identidad con Brahman se alcanza la liberación, y por ningún otro medio.[267]

La erudición es un estorbo si no se verifica en uno mismo las grandes afirmaciones sagradas.

Hasta que el erudito no renuncie a su errónea identificación con el cuerpo, sus órganos, etc. -que son irreales- jamás alcanzará la emancipación; ni, aunque llegue a ser la persona más docta en Escrituras y en Vedanta.[268]

El ejercicio, la búsqueda con las propias manos, gustar con la propia lengua, guiados por los grandes, es lo que cuenta, no las teorías ni las discusiones.

Para la extracción de un tesoro que se encuentra escondido bajo tierra hace falta recibir antes las debidas instrucciones y comenzar a excavar de forma adecuada, apartando del terreno las piedras, arbustos y demás cosas que puedan ser un obstáculo en la brecha que se ha de abrir hasta poder dar con el tesoro; es obvio que no saldrá por sí solo; por el mero hecho de llamarlo por su nombre. De la misma forma, la transparente Verdad del Ser, que se halla oculta tras Maya y sus efectos, sólo se puede alcanzar siguiendo las instrucciones de un conocedor de Brahman, llevándolas luego a la práctica a través de la meditación, de Satsang (charlas espirituales), de reflexión, jamás mediante vanas discusiones.[269]

La experiencia de Atman, el estado puro de Sat Chit Ananda, que se obtiene tras romper nuestra conexión con toda atadura a la ignorancia (avidya), es la prueba más fehaciente que se pueda tener. Después de experimentar esto, las Escrituras, las palabras del Gurú, y todos los razonamientos previos, cobran especial sentido haciéndose fácilmente comprensibles.[270]

Las tradiciones religiosas orientan hacia experiencias indecibles; sólo eso pretenden, no formular teorías.

---

267. Sankara: *Viveka Chudamani*. 54,56,59.
268. Sankara: *Viveka Chudamani*. 162.
269. Sankara: *La joya suprema del Discernimiento*. 65.
270. Sankara: *La joya suprema del Discernimiento*. 474.

Las religiones y los mitos son, al igual que la poesía, un intento de la humanidad de expresar, por medio de imágenes, precisamente esa indecibilidad que vosotros tratáis inútilmente de traducir en llanas expresiones racionales.[271]

Las palabras más sagradas de los maestros más sublimes son sólo apuntes imposibles que hay que esforzarse por intuir.

Sólo hay agua en los balnearios sagrados;
sé que de nada sirve, pues me he bañado en ella.
Carentes de vida son las imágenes:
no pueden hablar;
lo sé, porque a gritos he llorado ante ellas.
Nada más que palabras son el Corán y los Puranas;
he descorrido el velo y lo he visto.[272]

¿De qué sirven las palabras,
cuando el amor ha embriagado el corazón?[273]

Si las palabras no salen de la boca de Dios y van a su oído, todo es mudo y sordo. Para comprender los grandes textos hay que lograr salir de la mera condición humana.

La prueba es Suya, de Él, hacia Él,
Él es el Testigo mismo de lo Real
formulándose en una revelación.
La prueba es suya, de Él, hacia Él.
En verdad, es a Él a quien hemos encontrado en ella,
como una ciencia en su demostración.[274]

Todo lo que dicen los textos es importante, nada se puede dejar de lado. Nada se puede podar de ellos.

---

271. Hesse, H.: *Lecturas para minutos.* Pg. 69.
272. Kabir: *Cien poemas de Kabir.* Pg.69.
273. Kabir: *Cien poemas de Kabir.* Pg. 60.
274. Hallaj: *Poemas de amor divino.* pg. 20.

El lector de textos y de historias sufís las ha de estudiar de punta a cabo, sin dar más o menos importancia a los diversos fragmentos. Quienes no absorben más que lo que les gusta son, generalmente, individuos emotivos que se dejan indoctrinar fácilmente y que raramente son aptos para aprender más allá de un cierto límite.[275]

Todo lo que las tradiciones afirman debe ser verificado.

Por el "conocimiento" hay que entender, no sólo la cultura libresca que, según los Upanishads, no conduce a ninguna parte, sino la captación intuitiva de Brahman.[276]

Todas las verdades reveladas por Buda deben probarse a la manera yóguica, es decir, meditadas y experimentadas.[277]

Lo que las Escrituras dicen es lo que dice todo lo que nos rodea. Las Escrituras son pedagogos de la vista y el oído. Enseñan a ver y oír aquí, en este nuestro mundo, en esta nuestra tierra.

El principio fundamental del budismo Ch'an o Zen puede resumirse en la expresión de que el universo es la escritura del Zen o, más filosóficamente, la identidad del Uno con los Muchos, del Sansara con el Brahman, de Esto con Aquello. La Escritura en sí misma no tiene ningún valor en su letra y sólo lo tiene por aquello a lo que lleva; y para llegar a esa meta hay otras guías aparte de la página escrita o la palabra hablada. Se cuenta, por ejemplo, que el sabio Huen Sha un día se preparaba para decir un sermón a una congregación reunida y que, a punto de comenzar, se oyó a un pájaro cantar muy dulcemente cerca de allí. Huen Sha descendió del púlpito y comentó que ya se había predicado el sermón. Otro sabio, Teu Tse, un día señaló una piedra cercana a la puerta del templo y dijo: "Allí dentro residen todos los Budas del pasado, del presente y del futuro". El rostro de la naturaleza fue llamado "el Sermón de lo Inanimado".[278]

275. Derwish: *Voyages avec un maître soufi.* Pg.66.

276. Zaehner, R.C.: *L'Hinduisme.* Pg. 149.

277. Eliade, Mircea: *Patanjali et le yoga.* Pg.152.

278. Coomaraswamy, A.K.: *Buda y el evangelio del budismo.* Pg.180.

Con las Escrituras no acumulamos saber; nos desnudamos, nos vaciamos hasta desaparecer.

El que busca erudición se enriquece cada día; el que busca el Tao se empobrece cotidianamente.[279]

Las Escrituras no someten, son el trampolín de la libertad; enseñan liberando incluso de ellas mismas.

No he cantado el Mathnawî para que uno lo lleve encima, sino para ponerlo bajo los pies y volar con él. El Mathnawî es una escalera de ascensión hacia la verdad.[280]

Las Escrituras conducen al conocimiento silencioso, el que está más allá de toda formulación y de toda palabra; conducen al mundo de la unidad completa.

El maestro Chiao dijo: "La afirmación no está en vigencia, tampoco la negación, ni la afirmación-negación. ¿Qué dices?[281]

...la Verdad Esencial está más allá de la negación como de la afirmación.[282]

No hay nada que encontrar
en el mundo del satori,
no hay ni hombre ni siquiera Buda.[283]

Las Escrituras empujan a la verdad, ni la tienen ni lo son.

Imposible atrapar la luna en el agua.[284]

No es difícil
ver la forma en el espejo.

---

279. Linssen, R.: Bouddhisme, *Taoisme et Zen*. Pg.265.
280. Vitray-Meyerovitch, E. de: *Rumi et le soufisme*. Pg. 142.
281. Suzuki, D.T.: *Ensayos sobre budismo zen. Segunda serie*. Pg.210.
282. Al-Qashani, Abd ar-razzaq: *Les comentaires esoteriques du Corán*. Pg.70.
283. Yoka Daishi: Shodoka. En: Deshimaru, T: *El canto del inmediato satori*. Pg.250.
284. Yoka Daishi: Shodoka. En: Deshimaru,T.: *El canto del inmediato satori*. Pg. 65.

Pero no existe ningún medio de capturar
la luna en la corriente de agua.[285]

Hay que recordar que lo que se enseña es la "visión" y no el "razonamiento"
o la "argumentación" lógica.[286]

Si las Escrituras, las narraciones, los mitos y los símbolos religiosos condujeran a una doctrina, alejarían de la verdad que es unidad. Las escrituras deben diluirse, como la niebla de la mañana, delante de la presencia inmediata de la verdad.

¿A qué buscar una doctrina? Tan pronto como tengáis una doctrina caeréis en pensamiento dualístico.[287]

Es preciso que permanezcas y vivas en tu "esencia", en tu "fondo" y ahí es donde Dios debe tocarte con su simple esencia, sin que haya ninguna imagen como intermediaria. Una imagen no se tiene a sí misma como propósito, no se propone a sí misma: siempre te conducirá y te enviará hacia eso de lo que es imagen. Y como sólo se tienen imágenes de lo que está fuera y es percibido por los sentidos, es decir, de las criaturas y que además ella te envía siempre hacia eso de lo que es imagen, sería imposible que nunca pudieras llegar a ser feliz por no importa qué imagen.[288]

No es sólo la mente la que debe ser conducida a la proximidad y a la unión, son todas las facultades, es todo el ser. Para llegar a esa proximidad hay que apartar todo concepto, toda representación, incluso la idea misma de Dios.

...es por lo que ruego a Dios que me libere de Dios. En la abertura yo me despojo de mi propia voluntad, libre incluso de la voluntad de Dios y de todas sus operaciones, incluso de Dios mismo. En esta irrupción yo recibo una riqueza tan grande que Dios no puede serme suficiente con todo lo que Él es como Dios, ni con todas sus operaciones divinas. Pues en esa irrupción

---

285. Yoka Daishi: Shodoka. En: Deshimaru, T: *El canto del inmediato satori.* Pg.68.
286. Suzuki, D.T.: *Essais sur le bouddhisme zen. Troisième serie.* Pg.438.
287. Blofeld, John: *Enseñanzas zen de Huang Po.* Pg.47.
288. Maestro Eckhart. *Obras escogidas.* Pg. 81.

yo recibo esto: que Dios y yo somos uno. Allí yo soy lo que era, no crezco ni decrezco, pues yo soy una causa inmóvil, que hace mover a todas las cosas. Entonces Dios no encuentra ya lugar en el ser humano, pues él por esta pobreza conquista lo que ha sido toda la eternidad y permanecerá siendo siempre. Entonces Dios es uno con el espíritu, y esto es la pobreza más profunda que se pueda encontrar.[289]

El "conocimiento oriental" ('ilm ishrâqî) es a la vez el fin y el medio de la Búsqueda del peregrino hacia Oriente. No es un conocimiento teórico sino una metamorfosis del ser. Es un conocimiento que es Presencia-real, literalmente un conocimiento "presencial" ('ilm hozûrî) que contrasta con el conocimiento representativo, conforme a la teoría peripatética del conocimiento, es decir, un conocimiento que no consigue su objeto más que por intermedio de una forma de conocimiento la cual no es del ser, sino la representación del ser ('ilm sûrî).[290]

Una de las razones por las cuales los Sufís se oponen a los intelectuales puros y a los filósofos escolásticos es porque creen que una educación tal del espíritu conduce a pensar obsesivamente y en un sentido único y malo tanto para el interesado como para todos los otros. De la misma forma los que piensan que sólo importa la intuición o el ascetismo también son combatidos por las enseñanzas sufís. Rumí insiste sobre el equilibrio de todas las facultades.[291]

El pensamiento, no el pensamiento formal, es el método. El pensamiento debe abarcar toda la vida, no pequeños aspectos de ella.

Las complicaciones de un intelectualismo desplazado ocultan la verdad.[292]

Te has apoderado de mi razón, de mi vista, de mi oído, de mi espíritu, de mis entrañas, de mi mismo todo.[293]

¿A quién he de dirigirme para saber de mi Amado?

---

289. Maestro Eckhart: *Obras escogidas.* Pg.197.
290. Corbin, H: En *Islam iranien, aspects spirituels et philosophiques.* T.II, pg.61.
291. Shah, Idries: *Les soufis et l'esoterisme.* Pg.120.
292. Shah, Idries: *Les soufis et l'esoterisme.* Pg.122.
293. Sidi Abû Madyan, En: Vitray-Meyerovitch, Eva de: *Anthologie du Soufisme.* Pg.113.

Dice Kabir:
"Así como nunca encontrarás el bosque si no conoces el árbol;
así tampoco podrá El ser hallado en abstracciones.[294]

Oh, hombre, si no conoces a tu propio Creador,
¿de qué estás tan orgulloso?
Despréndete de tus agudezas;
las meras palabras nunca te unirán a El.
No te dejes engañar por el testimonio de las Escrituras:
el amor es otra cosa,
y quien realmente lo busca, lo encuentra.[295]

Todos nuestros Sagrados Escritos y todas nuestras doctrinas y dogmas no son más que pobres imágenes para conducirnos a la libertad.

Emplea los ritos exteriores de la religión y busca impregnarse de su tradición, para estar seguro de no perder su camino. Al mismo tiempo sabe que "paraíso, infierno, todos los dogmas de la religión" son alegorías, de los cuales el espíritu no puede ser conocido más que por él. Eso es lo que llama el credo de los "hombres de corazón, de las gentes vueltas hacia el interior".[296]

El conocimiento desde el silencio es conocimiento, pero lejos de toda posible formulación.

Si le dicen: "¿Eres o no eres; tienes o no el sentimiento de la existencia; estás en el centro o no lo estás, o estás en el borde; estas visible o escondido; eres perecedero o inmortal; eres lo uno y lo otro o no eres ni lo uno ni lo otro; en fin, ¿existes o no existes?" responderá positivamente: "Yo no se nada de eso, lo ignoro y me ignoro a mí mismo. Estoy enamorado, pero no sé de quién; no soy ni fiel ni infiel. ¿Qué soy, pues? Incluso ignoro mi amor; tengo el corazón lleno y al mismo tiempo vacío de amor".[297]

---

294. Kabir: *Cien poemas de Kabir.* Pg.118.
295. Kabir: *Cien poemas de Kabir.* Pg.86.
296. Shah, Idries: *Les soufis et l'esoterisme.* Pg.232.
297. Attar, Farid-ud-din: *Le memorial des saints.* Pg.251.

Cuando se llega al conocimiento silencioso, se llega a un conocimiento que transciende el intelecto porque uno se sitúa en su fuente, en Él.

Según Abû Bakr al-Sabbâk: "Cuando Dios hubo creado el intelecto, le preguntó: ¿Quien soy yo? El intelecto permaneció mudo. Dios aplicó entonces sobre su vista el colirio de la luz de Su Unidad. Abrió entonces los ojos, y dijo 'Tú eres Dios, no hay otra divinidad que Tú'; pues no pertenecía al intelecto conocer a Dios, si no es por el medio mismo de Dios".[298]

El conocimiento silencioso es semejante a una "palabra omnicomprensiva" que estuviera en la raíz de todo.

Recibe la Palabra de la que brota el Universo;
esa Palabra es el Gurú;
la he oído y me he convertido en el discípulo.
¿Cuántos conocen su significado?

¡Oh Sadhu, practícala!
Los Vedas y los Puranas la proclaman,
el mundo entero descansa en ella;
los Rishis y los devotos hablan de ella;
pero nadie conoce Su misterio.
El hogareño deja su casa al oírla,
el asceta renace al amor al escucharla,
las seis filosofías la exponen;
el espíritu de la renuncia a Ella apunta;
de esa Palabra ha emanado la forma del mundo;
ella todo lo revela.
Dice Kabir:
¿Pero quién sabe de dónde la Palabra procede?[299]

---

298. Kalabadhi: *Traité de soufisme.* Pg.67.
299. Kabir: *Cien poemas de Kabir.* Pg.84.

Cuando el conocimiento religioso llega, se diluyen todas las formas; es como si todas las formas dejaran de ser.

Cuando el océano de la inmensidad viene a agitar sus olas, ¿cómo podrán subsistir las figuras que están dibujadas en su superficie? [300]

Interrogado sobre el conocimiento, Junayd respondió:"...es que tu sepas que Dios es diferente de todo lo que tu puedas concebir en tu corazón. No tiene nada en común con nadie, ni nadie tiene nada en común con El. No hay más que una existencia que reenvía al no-ser, y a la cual toda expresión es inadecuada porque la criatura está precedida en el orden del ser, y lo que es precedido no podría comprender lo que le precede". [301]

Un sufí dijo: "La criatura que mejor conoce a Dios es aquella que es la que está más desorientada con respecto a El".

Se preguntó a Dhû-l-Nûn cuales eran los primeros grados a los que el sabio se eleva, respondió: "Es estar desorientado, después sentir su propio desnudamiento, después unírsele, después estar desorientado." [302]

Para llegar más allá de las formas, hay que usar la imaginación para aprender a saltarse los límites que nos encierran, para poder acercarse más a la realidad.

Este mundo se sostiene por la imaginación. Tú crees que es real porque lo ves y es tangible; sin embargo, está subordinado a realidades más profundas, a las cuales calificas de imaginarias. [303]

Cuando el conocimiento se aproxima, nada queda en pie.

Es que lo real es mil veces más sutil que lo imaginario, y solamente lo perciben aquellos "que han muerto antes de morir". [304]

Los reyes cuando entran en la ciudad la devastan. [305]

---

300. Attar, Farid-ud-din: *Le memorial des saits*. Pg.257.
301. Kalabadhi: *Traité de soufisme*. Pg.151.
302. Kalabadhi: *Traité de soufisme*. Pg.156.
303. Rumi: *Fihi-ma-fihi*. Pg.155.
304. Rumi: *Fihi-ma-fihi*. Pg.158.
305. Rumi: *Fihi-ma-fihi*. Pg.159.

El tesoro se encuentra entre las ruinas,
el perro continuará siendo perro en los lugares prósperos.[306]

Estudiar el budismo es estudiarse a sí mismo.
Estudiarse a sí mismo es olvidarse de sí mismo.
Olvidarse a sí mismo es ser iluminado por todas las cosas.
Ser iluminado por todas las cosas es desprenderse del propio
cuerpo-mente, y del cuerpo-mente de los demás.[307]

Para avanzar por el camino no hay que atarse a ningún prejuicio, pero tampoco a ningún logro, por valioso que parezca; hay que ir siempre más y más allá.

Si, en lo más profundo de vuestro corazón pensáis que lo que habéis logrado durante tantos años de estudio y esfuerzo no puede ser abandonado fácilmente, este pensamiento es, en él mismo, una atadura al mundo de las pasiones. Reflexionad sobre ello cuidadosamente.[308]

Lo más importante para vosotros, estudiantes del Dharma, es que debéis desprenderos de vuestros puntos de vista personales. Esto significa abandonar vuestro cuerpo y vuestra mente, vuestro ego.[309]

La razón por la cual aquéllos que estudian y practican el Dharma no consiguen alcanzar el Despertar es que siguen apegados a sus propios puntos de vista personales.[310]

El hombre no es sólo prisionero de su naturaleza concupiscente; lo es también de su imaginación, de su razón "razonante".[311]

Si deseas aprender el Dharma del Buda, no te aferres a la mente del pasado, del presente y del futuro.[312]

Un día, Dogen dio esta enseñanza:

306. Rumi: *Fihi-ma-fihi.* Pg.159.
307. Dogen: *Shobogenzo Zuimonki.* Pg.23.
308. Dogen: *Shobogenzo Zuimonki.* Pg.56.
309. Dogen: *Shobogenzo Zuimonki.* Pg.96.
310. Dogen: *Shobogenzo Zuimonki.* Pg.100.
311. Vitray-Meyerovitch, Eva de: *Rumi et le soufisme.* Pg.148.
312. Dogen: *Shobogenzo Zuimonki.* Pg.126.

Hay un proverbio referente a la vía del emperador: *"Si el corazón no está vacío, es imposible aceptar el consejo de los ministros"*. Esto quiere decir que si el emperador no está libre de prejuicios, no podrá aceptar el consejo de sus ministros y las cosas no podrán llevarse a cabo tal y como deben hacerse.

La actitud de los monjes Zen debe ser la misma cuando practican el Dharma. Las palabras de vuestros maestros no podrán entrar en vuestros oídos si persistís en vuestras concepciones personales, por mínimo que lo hagáis. Si no podéis escuchar las palabras de vuestro maestro, no podréis comprender el Dharma.

Debéis olvidar todos los puntos de vista falsos sobre el Dharma, así como todos los asuntos mundanos, el hambre, el frío. Solamente cuando escuchéis así, con el cuerpo y la mente purificados, podréis oír íntimamente a vuestro maestro y comprender sus enseñanzas. Escuchando así seréis capaces de iluminar la verdad y de responder a vuestras preguntas.

El verdadero mérito en la Vía es dejar a un lado el cuerpo y la mente y seguir la dirección de vuestro maestro. Si mantenéis esta actitud os convertiréis en verdaderas personas de la Vía. Este es el secreto esencial.[313]

No hay que pararse jamás en ningún logro ni en ningún estadio.

La verdadera manera de comprender las enseñanzas del Dharma es reformando gradualmente lo que ya sabéis y pensáis, siguiendo siempre las instrucciones de vuestro maestro.

Si hasta ahora habéis pensado que los Budas poseen características excelentes, como por ejemplo Sakyamuni, Amitaba u otros, si creíais que los Budas tienen un halo de luz alrededor y la virtud de predicar maravillosamente el Dharma beneficiando a todos los seres, y un día, vuestro maestro os dice que un sapo o un gusano es Buda, debéis desechar inmediatamente vuestras ideas primitivas. Esto no significa que debáis buscar características excelentes en un sapo o en un gusano, tales como un halo de luz a su alrededor. Si lo hacéis así aún no habéis corregido vuestra mente discriminativa. Debéis comprender tan sólo que lo que estáis viendo ahora mismo es Buda. Si rectificáis continuamente vuestra mente discriminativa y vuestro apego

---

313. Dogen: *Shobogenzo Zuimonki*. Pg.151-152.

fundamental, siguiendo las instrucciones de vuestro maestro, llegaréis a ser naturalmente uno con la vía.[314]

Hay que llegar a la inmediatez completa y, por ella, a la plenitud; pero aquí mismo, no en un fingido lugar sublime, celeste.

"No te apegues a los fenómenos.
No te estanques en el Vacío."

Debemos estudiar esto profundamente y comprenderlo con claridad. Percibir la luminosidad de los colores, de las formas, de los sonidos, etc., sin añadir discriminación alguna, constituye la sabiduría de Buda.[315]

Los cielos y la tierra son por entero Palabra para el que está dotado de percepción mística, y ha nacido de la Palabra.[316]

Un canto dormita en todas las cosas que siguen su sueño eterno y el universo se pone a cantar desde el momento en que encuentres la palabra mágica.[317]

Los elementos más esenciales de la fe pierden su sabor de verdad. La formulación de los dogmas de la Trinidad y de la Encarnación mismos no son capaces de hablar al alma. Es absolutamente preciso que el alma pierda el Dios-trino y el Dios-hombre de su concepción para dejarse tragar por el abismo del Ser, de la incontestable Deidad, que irresistiblemente le atrae.[318]

La tradición hindú tiene una ventaja sobre la tradición cristiana en cuanto que es consciente de la relatividad esencial de todo mito religioso, en tanto que el cristianismo tiende a absolutizarlos como verdad última.[319]

Todos los profetas y santos, todas las diversas Escrituras y doctrinas sagradas no llevan más que a una única cosa

---

314. Dogen: *Shobogenzo Zuimonki*. Pg. 38.
315. Menzan Zuihô: *Jijuyu Zanmai*. Pg.26.
316. Vitray-Meyerovitch, Eva de: *Mystique et poesie en Islam*. Pg.196.
317. Vitray-Meyerovitch, Eva de: *Mystique et poesie en Islam*. Pg.92.
318. Le Saux, Henri; En: Davy, M.M.: *Le desert interieur*.Pg.159.
319. Le Saux, Henri; En: Davy, M.M.: *Le desert interieur*.Pg.166

que es en todos los lugares la misma. Si no se encuentra en todas las tradiciones el mismo sabor es que no se ha llegado a gustar la sal.

Todos los profetas, los santos y los creyentes no constituyen más que una sola alma. Ver a uno es verlos a todos; si se rechaza a uno, se rechaza a todos. Quien es enemigo de un profeta es enemigo de todos los profetas, y quien insulta e injuria a un profeta es un impío; aunque alabe a los otros profetas, no sirve de nada y se convierte en un ser bizco pues es amigo de uno y enemigo de otro. Un maestro dice a su aprendiz: "Hay una botella en tal habitación, ve a buscarla." Cuando el bizco va a la habitación, ve dos botellas. Vuelve al maestro y le dice: "Hay dos botellas en la habitación". El maestro responde: "No hay más que una". El bizco insiste en que hay dos botellas. El maestro le manda que rompa una y traiga la otra. El bizco rompe una, y resulta no haber ninguna botella. El veía dos porque bizqueaba. Cuando rompe una, se queda sin ninguna.

Delante de un santo presente, se recuerda un santo pasado; da lo mismo ver uno que dos. El hecho de recordar demuestra la debilidad de la visión. Es evidente, entonces, que conocía los maestros y los santos solamente de oídas. Ha tomado el alma y el cuerpo del santo por el santo mismo. Ignoraba el conocimiento y el espíritu del santo.

Como cuando uno muestra un pan a quien sólo sabe de oídas. Como no ha comido jamás pan, y conoce el pan solamente de oídas y no por haberlo comido y gustado, dirá: "El pan es redondo. Esto que tú me traes es alargado. Si fuera pan, sería redondo; es así como me lo han descrito."

O bien se le ofrece agua en una copa. Dice: "esto no es agua. Lo que hay en el aguamanil es agua." Está claro que ha creído que el agua es el aguamanil y que no sabe qué es el agua.

Como cuando se pone delante de él un trozo de azúcar. Dice: "El azúcar es molido y pesa un man. ¿Cómo este trozo podría ser azúcar?" Existen innumerables ejemplos de este género.

El conformista es aquel que se basa en la forma. No ha llegado al sentido verdadero. No conoce a los profetas y los santos. Se fía de las apariencias aprendidas de sus educadores y de sus padres y está atado a aquellos que ya no existen. No da fe al maestro de su época. Se alimenta de historias y fábulas del pasado. Las historias y las fábulas no pueden servir de alimento ni pueden ser gustadas. Adora a los muertos.

Los profetas son como velas. La luz de Dios es la llama que arde en las velas y les da su mismo atributo, su mismo aspecto y su misma esencia. Todas las velas tienen un solo atributo, pero en número son múltiples. Si consideras la forma, tu visión es doble, Considera Su luz, porque es única.[320]

Aunque las formas cambian y se diversifican, en todo caso, el sentido es único, no se transforma.

Cuando un rey monta sobre un camello, o sobre un caballo, o sobre un mulo, o en general sobre un animal de silla, la diversidad existe en la montura; el caballero es el mismo. Si alguien ve al rey como múltiple, su mirada se ha fijado sobre la montura y no sobre el caballero.[321]

Es evidente que la realidad de la religión no concierne a la forma y a la lengua. Aparece en cada forma y en cada lengua.[322]

Todo el mundo está enamorado del sentido; pero la gente dice que están enamorados de la forma. Cometen un error: es del sentido que están enamorados; la forma no tiene importancia.

La forma es comparable a un recipiente, el sentido a un alimento. La utilidad del recipiente viene del alimento, no del recipiente...[323]

"¡Oh adoradores de copas! Soy el mismo vino. Si posees un paladar y una boca, gusta el vino. Si tienes olfato, respira su perfume. Si tienes ojos, míralo. Si no tienes nada de todo eso, alinéate con los ciegos.[324]

Las Escrituras y las religiones hablan al mundo cotidiano que las personas construyen. A la construcción del mundo cotidiano contraponen otra construcción. Pero lo hacen no para que nos convirtamos de una a la otra,

320. Valad, Sultân: *Maître et disciple*. Pg.151-152.
321. Valad, Sultân: *Maître et disciple*. Pg.154.
322. Valad, Sultân: *Maître et disciple*. Pg.33.
323. Valad, Sultân: *Maître et disciple*. Pg.155.
324. Valad, Sultân: *Maître et disciple*. Pg.36.

de unas creencias -las de la vida cotidiana- a otras -las religiosas-, sino para que nos podamos colar entre las dos construcciones y podamos comprender que todo son construcciones y que es posible un conocimiento libre de toda construcción y de todas las creencias.

Pero lo que quiero que aprendas es "ver". A lo mejor ahora ya sabes que el "ver" ocurre sólo cuando uno se cuela entre los mundos, el mundo de la gente común y el mundo de los brujos (de las creencias religiosas). Ahora estás justito en medio de los dos. Ayer creíste que el coyote te hablaba. Cualquier brujo que no "ve" creería lo mismo, pero alguien que "ve" sabe que creer eso es quedarse atorado en el reino de los brujos. De la misma manera, no creer que los coyotes hablan es estar atorado en el reino de la gente común.[325]

El hombre de conocimiento tiene que vivir en las construcciones, las cotidianas y las religiosas, pero debe ser libre de todas ellas; ha de poderlas utilizar a todas sin someterse a ninguna de ellas.

El sábado fue hecho a causa del hombre, y no el hombre por el sábado. Y dueño del sábado es el Hijo del hombre.[326]

325. Castaneda, Carlos: *Viaje a Ixtlan.* Pg.348.
326. Mc: 2,27.

6. LA FUNCIÓN DE LOS MAESTROS DE LAS TRADICIONES RELIGIOSAS

Los maestros de las tradiciones son los seres más pobres de la tierra. No poseen nada; no tienen "ni donde reclinar la cabeza".

No tienen nada porque no desean absolutamente nada.

Y no desean nada porque han comprendido que ningún agua es capaz de saciar la sed si no es el agua que brota de la propia fuente. Sólo la fuente que brota de dentro hacia fuera sacia la sed; las fuentes de fuera no dan agua viva. Así es que no hay nada que conseguir.

Los maestros son quienes han aprendido que cuando uno recoge tesoros fuera, todo lo que toma en las manos, se le vuelve polvo, nada. Sólo hay un tesoro verdadero, y ese "desciende desde dentro".

Los maestros de las tradiciones religiosas son quienes han enseñado que en todo lo que nos rodea, en realidad y en contra de lo que las apariencias dicen a nuestra necesidad, no hay nada que comer, nada que quite el hambre y la sed. Cuanto más se devora más insatisfecho se está y mayor es la sed.

Los maestros arguyen que la verificación radical de que no hay nada que comer y que nada puede saciar nuestra sed, no tiene por qué conducirnos a la desesperación sino que debiera empujarnos a la comprensión de que hay otra manera de vivir que no es devorando ansiosamente todo lo que nos cae en las manos; que podemos vivir como testigos conmovidos por la maravilla del misterio de lo que existe sin preocuparnos de qué comeremos, qué beberemos y con qué nos satisfaceremos, porque el auténtico alimento de nuestra vida y la satisfacción que aquieta nuestra carne y nuestro espíritu no puede venir de nada que atrapemos fuera sino que ha de venir de lo que brota pacífica y continuamente desde dentro.

Los maestros son los exploradores más arriesgados de la especie humana. Ellos se adentran profundamente por tierras por las que nadie jamás caminó antes de ellos. Son los exploradores del otro mundo.

Para adentrarse por el otro mundo y explorarlo tienen que cambiar su mente y su carne.

Después de deambular por las alturas y las profundidades del mundo que está más allá de nuestras fronteras, los maestros vuelven a nosotros con el desconcertante mensaje: Aquél otro mundo, el que está más allá de todas nuestras fronteras, es el mundo original; y ese mundo original es esto mismo de aquí.

Los maestros nos dan consejos e indicaciones útiles para adentrarnos, también nosotros, más allá de las fronteras. Nos hablan sólo de los requisitos para hacer el camino, de cómo hay que prepararse, qué no hay que llevar consigo, con qué estado de ánimo hay que caminar. También nos hablan de los desvíos que podemos hacer o de los atajos que no hay que tomar. Del camino mismo no dicen gran cosa.

Los maestros son los guías para el camino. Pero sería un error pensar que ellos hicieron el camino, lo abrieron, lo aplanaron, lo señalizaron y lo dejaron a punto para que otros lo rehicieran pisando simplemente sobre las huellas que ellos dejaron. Si creyéramos eso de los maestros, no serían nuestros guías sino que nos descarriarían para siempre; y la culpa no sería de ellos, sino nuestra, por no atinar a comprenderles.

Los maestros son guías del camino porque son maestros de la creación libre.

El auténtico camino religioso es una indagación semejante a la que hace un artista. Como el artista crea con sus obras cada pedazo de camino sobre el que pone el pie para seguir adelante, así el religioso tiene que ir creando la tierra sobre la que pone sus pies. Pero esa tierra que paso a paso va creando, que es su camino, es suficiente únicamente para su propio pie; nadie jamás podrá poner el pie, por segunda vez, en ese lugar. El camino más allá de las fronteras que hacen los sabios se asemeja a las estelas que los barcos dejan en el mar; los caminos desaparecen y son irrecuperables una vez que los maestros han pasado por ellas.

Los maestros enseñan a construir el propio camino y a construirlo desde dentro.

Sólo cuando uno enrola todo su ser en la aventura de indagación que es el camino religioso, camino de sutilidad y profundidad, entonces, desde el seno de ese estado de intensa alerta, esfuerzo y pasión oye la guía interior. Sólo la guía interior le conduce. Sólo cuando se hace capaz de oír la guía interior comprende y puede ver, fuera, "señales manifiestas".

La guía interior es guía sólo para la creación libre, no es jamás guía para el sometimiento.

Los maestros son guías seguros porque son maestros de la indagación y creación libre, no porque sean señores poderosos a quienes hay que someterse.

Los maestros son como los poetas, maestros de la creación. Sólo gracias a su creación libre tienen copas en sus manos donde puede gustarse el sabor del buen vino.

Cuando somos capaces de gustar el sabor del vino que hay en sus copas, se aparta el velo de nuestros ojos, el que nos impedía cruzar la frontera e ir descubriendo paso a paso el misterio de los mundos.

Los maestros dan forma a lo informe; dan carne a la sutilidad y al espíritu; hacen que aflore en sus ojos y en sus palabras los misterios insondables de las profundidades. Por eso dependemos de las creaciones que ellos hicieron.

Como los artistas, con sus creaciones, desvelan a nuestros ojos la belleza del mundo, así los maestros de las tradiciones religiosas, con sus creaciones, nos desvelan el espíritu y la sacralidad.

Ningún artista puede hacer sus obras si tiene su mente y su sensibilidad sometidas. Tampoco hay seres humanos verdaderamente religiosos si tienen su mente y su carne sometida.

Los maestros enseñan que el camino de la indagación totalitaria y apasionada, que es el camino de las profundidades divinas, no es el de las prescripciones, las creencias, los ritos y las ceremonias.

Enseñan que el camino verdadero no se aleja de los lugares que frecuentan las gentes. Los sabios no se apartan del rebaño humano sino que transitan por las mismas veredas que los demás. Los sabios construyen la novedad radical de su itinerario, andando por los mismos caminos que los demás; van con los demás, pero la actitud de su mente y de su carne es distinta.

Los maestros de las tradiciones religiosas son los maestros de la profundidad en el sentir.

No se puede sentir con profundidad si no se es enteramente libre. Por eso, puesto que son los maestros de la profundidad en el sentir, tienen que ser, también, los maestros de la libertad completa.

Los maestros no pueden someter ni enseñar a someterse, porque así no se puede enseñar la profundidad en el sentir.

Si los maestros enseñaran a creer, enseñarían a someterse. Someterse a creencias supone someter la sensibilidad. Eso conduce a emociones aparentes, pero a la insensibilidad real.

Si convirtiéramos a nuestros maestros de las tradiciones, en vez de maestros de la profundidad en el sentir, en el fundamento de las verdades a creer, primero, los haríamos a ellos señores y la legitimación del poder de los que dicen ser sus continuadores y representantes, y, segundo, haríamos a sus seguidores unos seres sometidos que, como tales, deben fijar su sensibilidad en unos márgenes inamovibles.

Por este camino, haríamos de los maestros de las tradiciones y de sus seguidores una de las causas más serias del endurecimiento del corazón.

Y donde hay un corazón endurecido, aunque sólo sea un poco, está ausente la sabiduría; de esos lugares el espíritu de Dios levanta el vuelo y se aleja.

La vida y las obras de los maestros son revelación; pero es la persona misma de los maestros la que es la revelación, el camino y la verdad.

La gran enseñanza de todos los maestros de las tradiciones y de cada uno de ellos, no es un camino fijado, trazado de una vez para siempre y correctamente señalizado. Los maestros revelan un camino que es un "no-camino", porque cuando uno anda más allá de las fronteras que limitan donde se mueve un pobre animal depredador como nosotros, no se pueden marcar rutas. En el océano infinito no hay caminos marcados, ni se pueden fijar señales en el suelo.

Los caminos que los maestros hacen desaparecen con su paso; lo que permanece es la grandeza de su obra, y su obra es una revelación, y esa obra que es una revelación es su propia persona.

La persona del maestro es la verdad, la única verdad válida. Viéndolos a ellos sabe uno del sabor de la verdad. Ellos son el camino. Viéndolos a ellos uno tiene la noticia y la orientación más valida para caminar.

Ellos son la luz y la vida de Dios. Para beber el agua de la vida hay que beber de su copa. La persona misma del maestro es la copa.

Ningún maestro puede ofrecer otro camino y otra revelación que su propia persona.

Los poetas hablan de la belleza del cosmos con sus poemas. El poema es la creación del poeta.

Los pintores nos revelan la belleza de lo que nos rodea con sus cuadros. El cuadro es la creación del pintor.

Los maestros de las tradiciones nos revelan la verdad y sacralidad de lo que existe con sus personas. Su persona es la creación del maestro religioso.

Los maestros son como un puñado de sal que evidencia la existencia de la mina de sal; son como la gota de agua que hace patente la naturaleza del océano.

También son el océano de las aguas que nos evidencia nuestra naturaleza propia de gota de agua; y son la mina de sal que hace inequívocamente clara nuestra condición fundamental de puñado de sal.

Los maestros han trasmutado su naturaleza en oro. Han hecho su carne traslúcida hasta tal punto que su carne es ya la luz del sol.

Trayendo la luz y el calor de Dios al seno de las tinieblas humanas, los maestros son la misericordia de Dios con los seres humanos.

Cuando uno atina a ver la luz que brilla en la lámpara del maestro, todos los seres se transforman en lámparas donde brilla la misma luz que reconocíamos en la revelación de la persona del maestro.

Cuando acercamos nuestra tea al fuego que arde en el corazón del maestro, el cosmos entero se incendia de pronto con el mismo fuego; entonces, un único fuego lo abrasa todo.

Quien acierta a ver correctamente a los maestros, ve en ellos las profundidades arrebatadoras del misterio de la realidad; quien los ve, ve la verdad de Dios, ve su ternura y su misericordia; quien los ve, ve a Dios.

La revelación de los maestros, revelación desde fuera de nosotros mismos, no añade nada a la esencia de la persona. Así hablan los mismos maestros. Ellos muestran a los humanos desde fuera lo que se es, y hay que reconocer, desde dentro.

La gran masa de agua tiene la misma naturaleza que la pequeña gota de agua. La gran masa de agua sólo hace inequívocamente clara el agua que uno ya es.

El maestro desde fuera abre el libro, que hay dentro, donde está escrita la guía.

Los maestros desvelan desde fuera las dimensiones de dentro. Gracias a ellos reconocemos, primero fuera, lo que hay que llegar a ver después, dentro.

Conocer al maestro es conocerse a sí mismo; y quien se conoce a sí mismo, conoce a su Señor.

El gran místico musulmán Rumí dice que gracias a los maestros sabemos que somos como María cuando llevaba a Jesús en su seno. El maestro de fuera enseña que el maestro está dentro, como Jesús en el seno de María.

Los maestros de las tradiciones hablan con rudeza de este tema.

Hay que acertar a encontrar al maestro real. Buscando al maestro nos podemos perder en un mundo vacío de realidad si lo buscamos en el recuerdo de la historia, o en el mundo imaginario del paraíso, o en un mundo de representaciones mentales, creencias o imágenes cargadas de sentimientos.

Al maestro real hay que buscarlo en el seno de nuestra propia naturaleza. ¿Dónde si no, puede existir el Buda real -dice Huei-Neng- si no es en vuestra propia naturaleza? ¿Dónde está el Espíritu de Jesús sino es en vosotros mismos? Ahí hay que buscar al maestro y al guía.

Los maestros hablan desde el recuerdo y guían desde dentro.

Los maestros revelan la realidad que se descubre cuando se ha podido ir más allá de la dualidad que construye el deseo.

Realizando la unidad transmutan su naturaleza de cobre en oro; se transforman en Dios mismo. Cuando el cobre se ha trasmutado en oro, ya no se le llama cobre.

Rumí pone estas palabras en boca de los maestros y profetas: "¡Oh ignorante! ¿Puedes tú decir que todavía pertenezco a la especie humana?"

Los maestros revelándonos lo que realmente hay cuando se ha descorrido el velo de la dualidad, nos dan a conocer al Uno y nos incorporan al Uno. Dice Juan el Evangelista que en el Maestro reconocemos al Verdadero para que conozcamos que estamos en el Verdadero, el que es Uno con el Padre.

Quien reconoce y ama al Verdadero, al Maestro, reconoce y ama a Dios, el Único; y se hace uno con el Uno.

Con su revelación los maestros nos salvan porque nos redimen y rescatan del fuego implacable del deseo y del engaño que la dualidad construye, y nos conducen más allá de todo lo que nace y muere.

Los maestros nos comunican la vida divina. Y esta es la vida divina: la que está más allá del deseo y de la dualidad y, por tanto, más allá de todo lo que nace y muere. Esa es la vida vivida desde el Uno. Esa es la fuente de la que habla Jesús: una fuente que nace en uno mismo y salta hasta la vida eterna.

Esa fuente interior es el único fundamento de la certeza inconmovible y del gozo que aleja todo temor.

TEXTOS

Los maestros no poseían nada

Los maestros ni poseían nada, ni veían nada que valiera la pena poseer.

¡Cómo recuerdo a los antiguos maestros cuya morada no era mejor que la sombra de un árbol!.[327]

Los santos que alcanzaron la felicidad vieron en toda cosa la nada.[328]

No necesitaban nada

Los sabios beben únicamente el agua de la propia fuente.

...el sabio se basta a sí mismo.[329]

Solamente tesoros existen en Nosotros. Sin embargo, los hacemos descender en la medida que los conocemos.[330]

Los maestros son guía

Los maestros, como los exploradores, van delante. Ellos abren el camino y nos lo indican. Ellos dan forma a lo informe. Los más libres de los humanos, enseñan a crear camino donde no hay camino; no enseñan a someternos a uno ya hecho.

Cuando deseéis dirigiros a un cierto lugar, dirigid primero hacia él vuestro corazón. El mirará y se informará de las condiciones de ese sitio. Después regresará y transportará consigo a vuestro cuerpo. Ahora bien los hombres

---

327. Suzuki, D.T.:*Ensayos sobre budismo zen. Primera serie.* Pg.383.
328. Attar, Fariddudine: *Le livre divin.* Pg. 242
329. Rumi, Djalal-od-din: *Fihi-ma-fihi.* Pg. 18.
330. *Corán* XV,21.

son como cuerpos en relación a los santos y a los profetas, que son el corazón.
Ellos, primero fueron al otro mundo, escapando a sus atributos humanos, a la carne y a la sangre; contemplaron las alturas y las profundidades de ambos mundos; pasaron por todas las etapas y aprendieron el modo de avanzar por el camino. Después regresaron y dirigieron un llamado a la humanidad, diciendo: "¡Venid a este mundo original! el mundo es una ruina, una morada perecedera ¡venid a este sitio lleno de delicias!".³³¹

El camino de Dios es estrecho, peligroso y cubierto de nieve. El primero en arriesgar su vida fue él (Mohammad); él puso su caballo sobre esta vía y abrió el camino. Nadie puede transitar este camino sin su guía y sin su protección: él fue el primero en despejarlo, él erigió señales y plantó jalones, como diciendo: "No debéis marchar en esta dirección ni tampoco en aquella otra". "Si os encamináis hacia allá, entonces pereceréis, como el pueblo de Ad y de Thamoud". "Si tomáis esta dirección, entonces hallaréis la salvación al igual que los creyentes".

Todo el Corán no está destinado sino a indicar su dirección a los creyentes: "Allí, en su interior, hay señales manifiestas". Este versículo significa: "Nosotros hemos dotado de indicaciones a estos caminos. Si alguno intentara destruirlas, el mundo entero se precipitará sobre él diciendo: "¿Por qué causa destruyes nuestra ruta y buscas nuestra perdición? ¿Serás acaso un ladrón del gran camino?" Ahora bien, debes saber que el guía es Mohammad, y en tanto no se llega a él, no se llega a Nosotros".³³²

Oh, hermano mío, anhela mi corazón aquel verdadero Gurú
que llena la copa del amor auténtico;
bebe de ella y luego me la ofrece.
Es él quien aparta el velo de mis ojos
y me permite la verdadera visión de Brahman.
Es él quien revela los mundos que en Su Ser existen,
y me conduce al deleite de la divina armonía...³³³

El verdadero maestro
es aquel que puede revelar a nuestra visión

331. Rumi, Djalal-od-din: *Fihi-ma-fihi.* Pg. 198.
332. Rumi, Djalal-od-din: *Fihi-ma-fihi.* Pg. 266.
333. Kabir: *Cien poemas de Kabir.* Pg. 49.

la forma de lo Informe.
Es aquel que enseña el sencillo camino de alcanzarle,
distinto del de ritos y ceremonias.
Es aquel que no pide que se cierren las puertas
ni que se retenga el aliento, ni que se renuncie al mundo;
es aquel que lleva a percibir al Espíritu supremo
dondequiera se fije la mente;
es aquel que enseña a mantener la calma
en el bullicio de todas las actividades.
Siempre sumergido en la bienaventuranza,
sin abrigar mentalmente temor alguno,
él mantiene el espíritu de unidad en todo goce.[334]

Consejo de Buda: "No andéis sobre los pasos de los antiguos. Buscad como ellos mismos buscaron".[335]

Los maestros no someten

Los maestros son los más sensitivos de los seres humanos; son los maestros de la profundidad en el sentir. No hay profundidad en el sentir sin completa libertad. Esta es la razón por la que los maestros de las tradiciones verdaderos jamás someten.

Todo sistema de creencias acaba siempre degradándose en instrumento de poder. Es un proceso inevitable siempre que las jerarquías no lleguen al término del camino. Su objetivo no tendría que ser inculcar los artículos de la fe sino ayudar a los fieles a vivir la experiencia de las verdades que había en el origen de sus confesiones respectivas. Pero: "la cabeza no puede entender mientras el corazón no haya entendido" y, también: "el rasgo más indicativo de la insensibilidad sea cual sea la emoción aparente, es confundir lo que es secundario con lo que es principal".[336]

---

334. Kabir: *Cien poemas de Kabir.* Pg. 83.
335. Humphreys, Christmas: *Une aproche occidentale du zen.* Pg.132.
336. Dervish. *Voyages avec un maître soufi.* Pg. 203,204.

No pongas ninguna cabeza por encima de la tuya.[337]

Seguir a un maestro religioso no es someterse a él, tampoco es repetir lo que él hizo, ni reproducirle. Ellos son los maestros de la libertad de las formas; apegarse a las formas que usaron, es alejarse de ellos, no seguir sus enseñanzas.

Sobre todo, no tengáis deseos de convertiros en un Buda; vuestro único interés debe consistir, al paso que un pensamiento sigue a otro pensamiento, en evitar apegaros a ninguno de ellos. Y no debéis abrigar la más leve ambición de ser Buda aquí y ahora. Aunque surgiera un Buda ante vosotros, no penséis en él como si fuera "Iluminado" o estuviera "alucinado", como si fuera "bueno" o "malo". Apresuraos a liberaros del deseo de apegarse a él; separaos de él en un abrir y cerrar de ojos. No lo sujetéis en forma alguna. No tratéis de detenerlo, pues ni un millar de cerraduras podrían encerrarlo, ni podría ser atado con diez mil metros de cuerda. Siendo así esforzaos denodadamente en desterrarlo y aniquilarlo.

Ahora aclararé con luz meridiana cómo habéis de proceder para manteneros libres de ese Buda. ¡Considerad la luz del Sol! Tal vez digáis que está cercana; sin embargo, si la seguís de mundo a mundo, nunca la cogeréis en vuestras manos. Entonces tal vez la califiquéis de lejana; pero he aquí que la estaréis viendo delante de vuestros ojos. Seguidla, y he aquí que se os escapa, alejaos y os alcanza por dondequiera. No podéis poseerla ni terminar con ella. De este ejemplo podéis deducir lo que sucede con la verdadera naturaleza de todas las cosas y, de hoy más, no tendréis necesidad de afligiros ni de preocuparos de tales cosas.[338]

Los maestros revelan

Muestran la naturaleza del misterio; hacen gustar el auténtico sabor de la realidad; son lámparas, relámpagos en los que brilla la luz divina; se han transmutado en oro.

---

337. Linssen, Robert: *Bouddhisme, taoisme et zen.* Pg.267.
338. Blofeld, John: *Enseñanzas zen de Huang Po.* Pg. 130-131.

Siendo humanos, son el "no-nacido"; siendo humanos, son la esencia de todas las cosas.

La gran masa de agua es de la misma naturaleza que la pequeña gota.[339]

El hombre de Dios muestra a Dios, y el extranjero muestra al extranjero. Se necesita un puñado de sal para demostrar la existencia de la mina de sal. ¿Como podría la piel y la carne de una carroña hacer comprender qué es la sal y cómo podría indicar que existe una mina de sal?

"Tú no disparabas tus flechas cuando las lanzabas, sino que Dios las disparaba". ¡Oh, Mohammad! Tu disparo es tu disparo y tu palabra es nuestra palabra. Porque todo lo que se trae de la mina de sal es sal. Delante una tal persona que se ha convertido enteramente en Dios, y que no es más que El, ¿quién tendrá la audacia de intervenir y decir: ¿"Esto está mal, esto está bien? ¿Todo eso que él hace no es lo que conviene?" El es la Kaaba y la Quibla de las criaturas. La fe, el pecado, la sumisión, todo se dirige a él. [340]

...el Profeta era el sol eterno y la bandera del otro mundo, y el universo, sin él, estaba en sombras como la noche.[341]

"Somos de Dios, y volvemos a El".

El agua del mar, dondequiera que se encuentre, pertenece al mar y vuelve a él. Las almas de los profetas, de los santos, de los creyentes son rayos de sol de la Esencia divina.[342]

El maestro actúa como el sol. Sólo él es eterno. La plena luna y el polo de su tiempo, y la manifestación del Sol Clemente.[343]

Todos los sabios venerables
son como relámpagos del cielo.[344]

339. Rumi, Djalal-od-din: *Fihi-ma-fihi*. Pg. 54.
340. Valad, Sultân: *Maître et disciple*. Pg. 42..
341. Valad, Sultân: *Maître et disciple*. Pg. 136
342. Valad, Sultân: *Maître et disciple*. Pg.54.
343. Valad, Sultân: *Maître et disciple*. Pg.55.
344. Yoka Daishi: *Shodoka*..

...el hombre se convierte en Dios mismo. Cuando el cobre se ha transmutado en oro, se le llama oro, no se dice que es cobre.[345]

"Te hemos enviado (a Mahoma) solamente como una misericordia para los mundos".[346]

Quien sabe que Yo (Krishna) soy el no-nacido, señor soberano de los mundos y de las naciones, vivirá entre los hombres sin descarriarse y estará libre de pecado y de mal.[347]

Tú (Krishna) eres el supremo Brahman, la suprema sede, la suprema Pureza, lo único permanente, el divino espíritu, la divinidad originaria, el no-nacido, el señor que todo lo abarca.[348]

Krishna dijo:

¡Oh Gudakesha! Yo soy quien reside en el corazón de todas las criaturas; Yo soy el principio, el medio y el fin de todos los seres.[349]

Los maestros son la luz, el misterio y el poder de Dios mismo.

...se cuenta que un santo dijo a otro santo: "Cada día, Dios, el Altísimo, se me manifiesta setenta veces." El otro santo le respondió: "Si tienes tanto coraje, ves a ver una sola vez a Bayazid". Pasó un cierto tiempo. Uno dijo: "Veo a Dios cada día setenta veces". El otro respondió: "Si tienes tanto valor, ves a ver una sola vez a Bayazid". Como que esta historia se prolongó mucho tiempo, el místico puro decidió ir a ver a Bayazid que se encontraba en un bosquecillo. Por milagro, tuvo éste la intuición de que el místico venía a hacerle visita. Salió del bosquecillo y se presentó delante de él y lo encontró cerca del bosquecillo. Desde que el místico divisó a Bayazid y vio su rostro bendito, no lo pudo soportar: inmediatamente entregó su espíritu y dejó este mundo.[350]

345. Valad, Sultân: *Maître et disciple.* Pg.170..
346. *Corán:* XXI,107.
347. *Bhagavad-Gita.* X,3.
348. *Bhagavad-Gita.* X,12.
349. *Bhagavad-Gita.* X,20.
350. Valad, Sultân: *Maître et disciple.* Pg. 29.

Bayazid decía de sí mismo:

"¡Gloria a mí! ¡Qué grande es mi dignidad! Dentro de mi túnica no hay otro que Dios." [351]

Yo oí a Hallaj decir: "Yo soy la verdad". [352]

Yo concedo la fuerza a mis servidores y los guió, a fin de que, gracias a mis dones y a mi dirección, destruyan al enemigo...Y cada misericordia que Yo extiendo sobre las criaturas, es por amor a ellos, los elegidos. Y la ira que muestro y las penas que inflijo a los rebeldes, es para vengar a esos buenos servidores. Servirles es servirme. Quien les a visto, me ha visto. Quien les ataca, me ataca. La amistad por ellos es amistad por mí. La hostilidad hacia ellos es hostilidad hacia mí. "Quien te ve me ve, quien te ataca, me ataca a mí". Yo perdono y hago misericordia por contentarles y darles satisfacción. Y muestro mi ira en el infierno y causo dolor para compensar la pena y los sufrimientos que mis servidores han sufrido. [353]

Quien conoce y ama a los maestros, conoce y ama a Dios mismo, porque ellos revelan a Dios, y revelándole, se hacen uno con El. La carne de los maestros se hace traslúcida y brilla con la exclusiva luz de Dios.

Yo (Krishna) soy el padre y la madre de este mundo, el ordenador, el primer creador, el objeto del conocimiento, la sílaba sagrada Aum y también el Rg, el Sama y el Yajur Veda.

Yo soy el camino y el fin, el sostén, el señor, el testigo, la casa y el país, el refugio, el buen amigo; Yo soy el origen, la permanencia y la destrucción de lo que existe, la indestructible semilla de todo ser y el eterno lugar de su descanso.

Yo doy el calor, Yo quito y envío la lluvia; Yo soy, ¡Oh, Arjuna!, la inmortalidad y la muerte, el ser y la nada.

---

351. Valad, Sultân: *Maître et disciple*. Pg. 44.
352. Massignon, L.: *Akhbar al-Hallaj*. Pg. 149.
353. Valad, Sultân: *Maître et disciple*. Pg. 94.

Yo estoy igualmente en todas las criaturas; no odio a ninguna ni a ninguna quito mi cariño, pero quienes me miran con amor y devoción, están en Mí y Yo estoy en ellos.

Si un hombre de conducta depravada llega a amarme con un profundo amor, será un santo...

Pues, ¡Oh, hijo de Kunti!, esta es mi palabra y mi promesa: quien me ama no perecerá.[354]

Yo soy el camino, la verdad y la vida; nadie viene al Padre sino por mí.[355]

No nos predicamos a nosotros mismos, sino a Cristo Jesús, Señor.[356]

Todo me ha sido entregado por mi Padre, y nadie conoce al Hijo sino el Padre, y nadie conoce al Padre sino el Hijo y aquel a quien el Hijo quisiere revelárselo.[357]

El que me ha visto a mí ha visto al Padre; ¿cómo dices tú: Muéstranos al Padre? ¿No crees que yo estoy en el Padre y el Padre en mí? Las palabras que yo os digo no las hablo de mí mismo; el Padre, que mora en mí, hace sus obras. Creedme, que yo estoy en el Padre y el Padre en mí; a lo menos, creedlo por las obras.[358]

Los maestros revelan desde fuera lo que hay dentro

Los maestros, con su revelación, nos muestran desde fuera lo que hemos de llegar a ver en nosotros mismos.

Los Profetas y los Santos no añaden nada a la esencia del hombre, únicamente le revelan su estado anterior. Ahora bien, cada pequeña cantidad de agua impura vertida en la gran masa de agua pura sabe que regresará a su pureza original. Sin embargo, si esa pequeña gota de agua no reconoce en

---

354. *Bhagavad-Gita*: IX, 17-19,29-31.
355. Jn.14,6.
356. 2 Cor.4,5.
357. Mt.11,27.
358. Jn.14,9-11.

la gran masa de agua pura un elemento que le es similar, se refugia en las tinieblas, junto a las partículas impuras, y de ese modo no se mezcla con el mar ni retorna a su pureza. El Profeta dijo: "Los que se reconocen se asocian conjuntamente, los que no se reconocen divergen."

Dios dijo: "Un enviado salido de entre vosotros mismos ha venido a vosotros". La gran masa de agua es de la misma naturaleza que la pequeña gota y ambas comparten una misma esencia. Si la pequeña gota no se reconoce en la esencia de la gran masa de agua, no es una falta que se deba a su esencia: Un mal compañero la manchó con su reflejo y ella no sabe si su temor frente a la gran masa de agua y al mar provienen de su propia esencia o de la influencia nefasta de ese mal compañero con que se mezcló íntimamente.[359]

El maestro exterior, desvelando el misterio, nos desvela el maestro interior.

Oh, sí; mirad en vuestro corazón y ved allí el conocimiento del profeta, sin libro, sin preceptor, sin guía.[360]

Tú eres como un cántaro con vientre lleno, pero labios secos.[361]

El hombre es un libro, dice Mawlânâ. En él todas las cosas están escritas, pero las oscuridades no le permiten leer esta ciencia interior a él mismo. La misión del maestro es desvelarle sus verdaderas dimensiones interiores.[362]

Cuando se consigue llegar a sí mismo, se encuentra uno consigo mismo, se descubre a Dios en sí mismo, y jamás se ve a Dios separado de sí mismo. Es decir: "Quien se conoce, conoce a su Señor".[363]

El cuerpo es semejante a María, y cada uno lleva en él un Jesús. Si experimentamos el dolor de parto en nosotros, nuestro Jesús nacerá, pero si no lo sentimos, Jesús, por su camino secreto, regresará a su origen privándonos de sus beneficios.

359. Rumi, Djalal-od-din: *Fihi-ma-fihi*. Pg 54.
360. Rumí; En: Nicholson, R.A.: *Los místicos del Islam*. Pg.85.
361. Rumi, Djalal-od-din: *El Masnavi*. Pg. 37.
362. Vitray-Meyerovitch, Eva de: *Rumi et le soufisme*. Pg.160.
363. Valad, Sultân: *Maître et disciple*. Pg.97.

Mientras nuestra naturaleza corporal esté satisfecha, el alma, en su fuero interno, permanecerá en la indigencia.

El demonio está saturado de alimentos, pero Gabriel permanece en ayunas.

Busca remedio en tanto tu Jesús esté en la tierra, pues una vez que El haya partido hacia el cielo, tu remedio habrá desaparecido.[364]

No hay un maestro fuera y otro dentro; sólo hay uno que empieza hablando desde fuera para que se comprenda desde dentro y seamos guiados desde ahí. El maestro que habla desde fuera y guía desde dentro, es nuestra propia naturaleza.

Haced de vosotros mismos vuestra isla, haciendo de vosotros mismos vuestro refugio, sin buscar ningún otro como vuestro refugio.[365]

El sutra dice distintamente que debemos tomar refugio en el Buda que está en nosotros mismos y en ningún momento menciona que debemos refugiarnos en otros Budas, sobre todo si tenemos en cuenta que no existe ningún lugar a donde ir si no tomamos refugio en nuestro Buda interior.[366]

El maestro real no está ni en una imagen, ni en una creencia, ni en una representación, ni en un paraíso imaginario, ni menos en la historia. El maestro real habla desde fuera, desde el recuerdo, y guía desde nuestro propio interior.

Querido auditorio, refugiarse en un verdadero Buda es refugiarse en nuestra propia naturaleza.[367]

Hay que aceptar pues la interpretación que el conocimiento búdico es el de nuestro propio espíritu y no un conocimiento búdico de un cierto Buda exterior.[368]

364. Rumi, Djalal-od-din: *Fihi-ma-fihi.* Pg.39.
365. Rahula, Walpola: *L'enseignemente du Bouddha.* Pg.88.
366. Huei-Neng: *Vida y enseñanza.* Pg.68.
367. Huei-Neng: *Vida y enseñanza.* Pg.70.
368. Huei-Neng: *Vida y enseñanza.* Pg.80.

En vuestra naturaleza hay un Buda y este Buda es el Buda real.

El Buda debe ser buscado en vuestra propia naturaleza, de lo contrario ¿dónde podríamos encontrar el Buda real? No dudéis sobre el hecho de que el Buda está en vuestra propia naturaleza, fuera de ella no puede existir nada.[369]

Los maestros muestran al Uno

Los maestros revelan a Dios y haciéndolo se transmutan en Dios mismo. Así muestran la unidad completa, el Uno.

La perfección es que el hombre se transforme en Dios mismo. Cuando el cobre se ha transmutado en oro, se le llama oro, no se dice que sea cobre. Cuando un animal ha sido transformado en sal, se le llama sal, se le vende al mismo precio que la sal, y como la sal se le echa en los alimentos y en la marmita. Cuando el esperma se ha transformado en hombre, no se le llama esperma. Sabe que, cuando el hombre ha alcanzado el Ser, ya no se le llama más hombre.

Mira la apariencia: dice que los ángeles se prosternan delante de él.

¡Oh ignorante! ¿Puedes tú decir que todavía pertenezco a la especie humana? [370]

Yo llamo brahmán a aquel para quien no existen ni esta orilla ni la otra y está libre de temores y de apegos.[371]

Sabemos que somos de Dios, mientras que el mundo todo está bajo el maligno, y sabemos que el Hijo de Dios vino y nos dio inteligencia para que conozcamos al que es Verdadero, y nosotros estamos en el Verdadero, en su Hijo Jesucristo. El es el verdadero Dios y la vida eterna.[372]

Yo y el Padre somos una sola cosa.[373]

---

369. Huei-Neng: *Vida y enseñanza.* Pg.128-129.
370. Valad, Sultân: *Maître et disciple.* Pg. 170-171.
371. *Dhammapada.*XXVI,385.
372. 1Jn.5,20.
373. Jn.10,30.

Amar al maestro es unirse a Dios

Quien ama al maestro ama lo que él revela. El amor une, por ello, amar al maestro es unirse a Dios.

Yo te aseguro y te prometo, porque te amo, que, si fijas tu pensamiento en Mí y me amas, me adoras y me ofreces sacrificios, arrodillándote ante mí, te unirás conmigo.[374]

Impregna tu alma de Mí, ámame, adórame, hazme sacrificios y prostérnate ante Mí; de este modo te unirás a Mí y Yo seré para ti tu último fin.[375]

Los maestros rescatan, salvan

Con su luz, los maestros nos rescatan del fuego inmisericorde del deseo y de la ignorancia que despliega la dualidad. Así diluyen nuestra ignorancia y nos rescatan de lo que nos tiene presos en la irrealidad y en la muerte.

Los santos vienen del mundo de la luz a este mundo de engaños, afín de salvar a los hombres de un fuego sin misericordia.[376]

Pues para que veáis que el Hijo del hombre tiene sobre la tierra poder de perdonar los pecados, dijo al paralítico: Levántate, toma tu lecho y vete a casa.[377]

La resurrección es salir del velo de la ignorancia y del egoísmo, y percibir el sol de la Belleza del Perfecto. El ser del Profeta es la resurrección. Quien espera la resurrección por sus propios medios, o considera que está fuera del Profeta, ese ve las cosas de través. Toma dos por uno, y es extranjero a la Unicidad de Dios.[378]

---

374. *Bhagavad-Gita.* XVIII,65.
375. *Bhagavad-Gita.* IX,34.
376. Valad, Sultân: *Maître et disciple.* Pg. 129.
377. Mt. 9,6.
378. Valad, Sultân: *Maître et disciple.* Pg. 136.

El conocimiento capaz de resucitar los muertos pertenece a los profetas y a los santos. Quien posee un tal conocimiento es el heredero de los profetas y los santos.[379]

Los maestros son la vida eterna

Los maestros revelan y comunican la vida divina. Llamamos vida divina la que está más allá del deseo y la dualidad, por tanto, la que está más allá de lo que nace y muere.

En Él estaba la vida, y la vida era la luz de los hombres.[380]

Lo que era desde el principio, lo que hemos oído, lo que hemos visto con nuestros ojos, lo que contemplamos y palparon nuestras manos tocando al Verbo de vida -porque la vida se ha manifestado, y nosotros hemos visto y testificamos y os anunciamos la vida eterna, que estaba en el Padre y se nos manifestó-, lo que hemos visto y oído, os lo anunciamos a vosotros, a fin de que viváis también en comunión con nosotros. Y esta comunión nuestra es con el Padre y con su Hijo Jesucristo. Os escribimos esto para que vuestro gozo sea colmado.[381]

La muerte ha sido sorbida por la victoria. ¿Dónde está, muerte, tu victoria? ¿Dónde está, muerte, tu aguijón?[382]

Quien bebe de esta agua volverá a tener sed; pero el que beba del agua que yo le diere no tendrá jamás sed, que el agua que yo le dé se hará en él una fuente que salte hasta la vida eterna.[383]

---

379. Valad, Sultân: *Maître et disciple*. Pg. 159.
380. Jn.1,4
381. 1Jn.1,1-4.
382. 1Cor.15,55.
383. Jn. 4,13-14.

Los maestros son la fuente de la certeza y del gozo

La autoridad de los maestros es la capacidad que tienen de engendrar la certeza inconmovible y el gozo.

Llegaron a Cafarnaúm, y luego, el día de sábado, entrando en la sinagoga, enseñaba. Se maravillaban de su doctrina, pues la enseñaba como quien tiene autoridad y no como los escribas.[384]

Si nos buscas, búscanos en el gozo, porque somos los habitantes del gozo.[385]

---

384. Mc. 1,21-22.
385. Vitray-Meyerovitch, Eva de: *Rumi et le soufisme*. pg 59.

156

7. LOS COMPORTAMIENTOS Y EL PROCESO RELIGIOSO

Pretendemos aclarar cuál es el comportamiento correcto, desde un punto de vista religioso.

Empezaremos con una gran afirmación:

"la Vía es sólo una conducta justa y nada más".

Primero veamos qué no es una conducta justa, desde la profundidad de la perspectiva religiosa

No es el comportamiento coherente y adecuado según los criterios y las normas de un proyecto y modo de vida cultural y social determinado.

Por ejemplo:

La sumisión en las sociedades tradicionales agrarias y autoritarias.

O en las sociedades industriales posteriores: la creación de riqueza de una manera conveniente; ser un profesional responsable; un trabajador honrado; un buen padre de familia; un ciudadano interesado en todo lo que es bueno para la selectividad, etc.

Tampoco es, simplemente, un comportamiento adecuado para hacer funcionar bien las sociedades; aunque ese comportamiento pueda llegar a ser filántropo y heroico.

Ni es actuar de forma que se contribuya a mejorar la vida de los individuos y de los grupos hasta eliminar, lo más posible, el mal y la injusticia. Sólo eso no bastaría para que fuera una actuación justa desde la perspectiva religiosa.

Todo esto serían actuaciones moralmente justas, pero insuficientes para que se las pueda llamar religiosamente justas.

Tampoco sería obedecer a todas las leyes y preceptos: a lo que Dios manda, a las obligaciones de ciudadano y a las del propio estado.

Ni siquiera un comportamiento perfectamente moral sería suficiente.

Todo eso puede hacerse sin dar ni un solo paso en el camino religioso. Esta puede parecer una afirmación extremosa, pero no lo es.

Conviene mucho tener las ideas claras en todo lo que se refiere a la moral, los comportamientos y la religión. Este es uno de los lugares donde mayor confusión se da y donde, con la mejor voluntad, se cometen los más crasos errores. Los errores en este terreno desvían del camino, con frecuencia de forma definitiva.

Hay que dejar en claro que no es lo mismo acción moral o éticamente justa, que acción religiosamente justa.

El comportamiento religioso correcto no es sólo el que obra bien sino el que conduce al conocimiento. ¿De qué? De "eso que ahí mismo viene" y que no construye mi necesidad.

El conocimiento que proponen las tradiciones religiosas es un conocimiento que abarca todo el ser. Es un conocimiento con la mente, la sensibilidad completa, la carne entera y toda su capacidad de conmoverse; es un conocimiento con los niveles lúcidos de nuestro ser y con los oscuros y profundos.

Ese conocimiento totalitario no se consigue con una mera actitud contemplativa de la mente o de la sensibilidad. El conocimiento totalitario religioso se parece al del artista. Como el artista tiene que enrolar todo su ser en hacer, construir, actuar para conseguir, así, movilizar en profundidad todos los niveles de su mente y su sensibilidad. Un artista no se hace sólo contemplando, sino haciendo.

Así es que la actuación justa religiosa es comportarse de una manera adecuada para conseguir comprender y sentir con la totalidad de uno mismo, "todo esto que aquí viene", tal como es.

Podemos volver al revés la frase y decir que el conocimiento que ofrecen las religiones es una manera de comportarse.

Es cierto que el simple buen comportamiento, aunque sea perfecto, aunque sea una completa filantropía no es todavía un "comportamiento-conocimiento"; pero, también es cierto, que quien actúa para conocer y conmoverse, como el artista, no puede hacer daño, sino que hace todo el bien que puede, porque lo ama todo.

El hombre de la Vía es un hombre moral, como el filántropo; pero su estrategia es otra. El filántropo con sus actuaciones pretende que las gentes no sufran, que vivan lo mejor posible. Se acerca a todos los seres con interés, reverencia y respeto, y actúa, como el filántropo, para que todo vaya bien, pero lo que pretende con su actuación es el conocimiento.

El ser religioso se acerca a todo con humildad, desinterés y amor para servirlo a todo y no para servirse.

Sabe que sirviéndolo a todo descentra su egoísmo y así puede acceder al conocimiento.

Ese es el eje de su disciplina moral.

Quien se esfuerza en respetarlo todo, amarlo y servirlo todo, termina por conmoverse con todo y conocerlo todo.

Quien conoce de forma que enrole todo su ser, se conmueve con lo que conoce y, así, ama; amando es cada vez más refinado en su comportamiento.

Así se cumple la fórmula del Buda:

- Cuando hay disciplina moral, entonces hay conocimiento.

- Cuando hay conocimiento, entonces hay disciplina moral.

- Si no hay disciplina moral, no hay conocimiento.

- Si no hay conocimiento, no hay auténtica disciplina moral.

En este mismo sentido hay que entender la afirmación de la tradición musulmana que dice que los estados espirituales son la herencia de las obras.

El justo comportamiento que hace adentrarse por el camino del conocimiento vibrante no es, simplemente, el que actúa de acuerdo con las propias creencias.

Creer lo que es correcto y actuar en completa coherencia con esas creencias puede mantenernos fijados en el suelo, sin dar un solo paso por la Vía. Es más, esa coherencia con las propias creencias puede ir acompañada de rigidez, dureza, condena, ausencia de amor y ternura e, incluso, de orgullo y autosatisfacción.

Actuar correctamente no es tampoco mortificarse, apagar los apetitos, aniquilar los sentidos, renunciar a todo.

No es someterse a nada ni a nadie, ni siquiera someterse a sí mismo; ni practicar ceremonias y ritos.

El conocimiento es hijo de la libertad, el amor y la admiración.

Si humillamos, castigamos, reprimimos y menospreciamos a nuestros sentidos y a nuestra carne ¿por dónde va a venir a nosotros la inmensidad de la riqueza, esplendor y maravilla de lo que "ahí viene"? Si, a pesar de todo, llegara, llegaría humillado, disminuido, y Eso, Dios, no puede ser humillado.

Lo que obstaculiza al conocimiento no es el uso de nuestros sentidos y de nuestra carne, ni tampoco el uso de las cosas.

Lo que impide el conocimiento no es el uso de nada sino sólo y exclusivamente entenderlo y sentirlo todo en función de nuestro propio provecho. Lo que obstaculiza el conocimiento es actuar con todo lo que nos rodea para sacar provecho. Actuar así, aunque sea austeramente, es obstáculo.

La cuestión no es el uso o no uso de los sentidos y del cuerpo; la cuestión es si usamos de todas nuestras facultades para devorar todo lo que rodea, sean cosas o personas, o si usamos de nuestras facultades para testificar la presencia, la profundidad sin fin y la inmensidad del ser de todo lo que nos rodea.

Sólo la acción total y plenamente gratuita se puede convertir en conocimiento. Sólo el que aprende a obrar así es pobre de espíritu y ve a Dios.

Nuestras acciones deben hacer un don completo de nosotros mismos. Quien hace de sí un don, ya no busca nada para sí, porque ya se dio.

Quien hace de sí mismo un don (y eso sólo se puede hacer actuando), ya no siente y conoce lo que le rodea desde sí mismo y para sí mismo, porque al darse se ha olvidado de sí. Entonces, y sólo entonces, conoce y siente "lo que ahí viene" como un testigo desinteresado.

¡Qué lejos está esto de la idea de comportamiento sujeto a leyes, lleno de renuncias y de sometimientos de la carne!

Así pues, sólo hay un criterio para conocer el justo comportamiento religioso: si lo que se emprende, lo que se hace es don de sí o no.

Hacer de las propias actuaciones un don, es amar. Pero el amor verdadero no es de meros sentimientos.

El amor es la brújula y el criterio para el camino; y la obra del amor es la acción que hace don de sí mismo.

El don de sí mismo debe traducirse en acciones concretas. Cuando uno, con sus acciones, hace don de sí a las personas, a los animales y a todos los seres, los toca con su carne y con su mente, sin devorar nada de ellos, sin apoderarse de ellos, sirviéndolos, venerándolos y amándolos. Es entonces, y sólo entonces, cuando se produce el conocimiento de lo que todo eso que nos rodea es. Cuando, por mi comportamiento, me hago capaz de sentir las cosas sin someterlas a mi servicio sino, por el contrario, sirviéndolas, es cuando mi carne puede tocar a Dios en todo esto.

Cuando se logra actuar así de gratis, Dios es este mundo material y la carne se hace toda ella capaz de conocimiento y vibración, como si fuera espíritu.

Mientras las acciones hagan presa en las personas y en las cosas para devorarlas y poder vivir de ellas, Dios está ausente de la mente, de los sentimientos y de la carne. Los ojos no ven a Dios en lo que nos rodea, el corazón no le siente latir en este nuestro mundo cotidiano y nuestra mente no le intuye.

Actuar sin hacer la más mínima presa en las cosas, sin tener la más mínima pretensión de devorarlas y vivir de ellas, supone haber olvidado que existe el cazador.

Cuando nuestras acciones prueban que ya no existe el cazador, entonces las cosas ya no son cosas y las personas no son personas, son el rostro y las manos de Dios; entonces, como dice el Bhagavad Gita, todo son, únicamente, los ojos, las manos, la boca, el rostro de Dios. Entonces, sólo se le siente a El, sólo se le ve a El, sólo se le comprende a El.

Cuando con una actitud vigilante, se actúa haciendo don de sí, el comportamiento es amor. Cuando el comportamiento es amor, es también emoción y es conocimiento.

Cuando las obras son don, entonces, obras, conocimiento y emoción son una sola cosa.

Cuando uno, por sus obras, hace completo don de sí, deja la casa vacía. Cuando la casa está vacía ya no hay donde volver ni a quien llevarle las presas de la caza. Cuando eso ocurre, ya no hay más que compasión, ternura y conocimiento.

Quizás ahora se comprenda la afirmación que hemos hecho al principio y que es el primero de los textos escogidos: "el camino es sólo una conducta justa".

¿Cuál es la conducta justa?

La que hace de sí mismo un don.

Por eso sólo hay un precepto: amar. Y el amor no es cosa de sentimentalismos, es hacer de sí, con acciones, un don.

Para hacer de sí mismo un don, para amar como enseñan los maestros, el don tiene que ser completo, sin reservarse nada. Ha de ser tan completo, que después de hecho, ya no quede nadie en casa.

El don completo que uno hace de sí mismo es a este mundo material e imperfecto, a los que nos rodean -depredadores corrientes-; no a Dios, a quien no vemos.

Cuando hacemos de nosotros mismos un don completo a este mundo material, entonces, este mundo material se transmuta en Dios mismo.

Si mi don no fuera a este mundo material concreto, me perdería en el vacío de la ficción; entonces jamás le sentiría próximo de mí ni en mí.

Si el amor es el precepto, la norma, la guía y el criterio del camino, entonces, el comportamiento justo, la acción correcta religiosa

- no es someterse a nada porque el amor es sólo libertad;

- no es obedecer a unas normas establecidas, porque el amor requiere la máxima iniciativa y autonomía;

- no es menospreciar a la carne, ¿cómo servir y como sentir este mundo natural, si no es con la carne?

- no es huir de este mundo, porque si huyéramos de aquí, ¿dónde encontraríamos a Dios?

Someter nuestras acciones a la dirección de algo o de alguien que no sea la completa libertad, iniciativa, creatividad y flexibilidad del amor, es alejarse del camino.

En resumen:

Jesús dijo que la vida eterna era conocer al Padre.

Si el ofrecimiento de Jesús no es un ofrecimiento para muertos, es aquí mismo donde hay que conocer al Padre.

Este es el eje de la perspectiva del camino religioso, de la Vía.

El Camino, es el camino al conocimiento del Padre, ya desde ahora.

Si se dice que el camino es sólo cuestión de acción justa, resulta que la acción justa es la que conduce al conocimiento, ya ahora.

Ya hemos aclarado lo que es la acción justa.

Acción justa es la que hace don completo de sí, la que es fruto del amor completo, sin condiciones.

El don se hace actuando. Por consiguiente, quien no actúa en este mundo material, no conoce.

Los maestros dicen que el don de sí, concreto, a este mundo material, se convierte en conocimiento.

El camino religioso es un camino hacia el conocimiento y el amor completo.

El camino se construye con acciones que son don de sí, aquí, a esto que nos rodea.

El don completo de sí es amor y conocimiento, aquí mismo, en este mundo material, del Padre, en términos de Jesús; del rostro de Alá, en términos de Mahoma; del "eso que ahí viene" en términos budistas.

TEXTOS

Hay una relación profunda entre nuestro comportamiento y nuestro camino interior. Sin un comportamiento correcto no se llega ni a conocer el Camino que hay que seguir. Pero el comportamiento justo es algo mucho más sutil, libre y creativo que someterse a preceptos.

Si se quiere conocer la realidad de la Vía,

la Vía es sólo una conducta justa y nada más.[386]

La conducta justa debe partir de la base real que se da, la de nuestra humilde condición humana; no de la que uno quisiera que se diera o se imagina que debería darse.

Todos los que son buenos y todos los que son malos forman parte del derviche; el que no es así, no es derviche.[387]

Si el camino es sólo una conducta justa, saber en qué consiste el justo comportamiento es central.

El no hacer ningún mal, la realización del bien, la purificación de la propia mente: este es el mensaje de los Budas.[388]

Tan importante es el comportamiento adecuado que se llega a afirmar que el justo comportamiento, -la disciplina moral-, y el conocimiento son dos aspectos de una misma realidad. Cuando se da uno, se da el otro; fomentar uno es fomentar el otro.

Pues, señor Gotama, el conocimiento es purificado por la disciplina moral; la disciplina moral es purificada por el conocimiento. Cuando hay disciplina moral, entonces hay conocimiento; cuando hay conocimiento, entonces hay

---

386. Huei-Neng: *Vida y enseñanzas.* Pg.42
387. Rumi, Djalal-od-din: *Fihi-ma-fihi.* Pg. 103.
388. *Dhammapada.* XIV,183.

disciplina moral. El conocimiento es del que está dotado de disciplina moral; la disciplina moral es del que está dotado de conocimiento. Se dice que la disciplina moral y el conocimiento son lo mejor en este mundo. Así como, señor Gotama, con la mano se lava la mano y con el pie se lava el pie, de la misma manera, señor Gotama, el conocimiento es purificado con la disciplina moral; la disciplina moral es purificada con el conocimiento. Cuando hay conocimiento, entonces hay disciplina moral; cuando hay disciplina moral, entonces hay conocimiento. El conocimiento es del que está dotado de disciplina moral; la disciplina moral es del que está dotado de conocimiento. Se dice que la disciplina moral y el conocimiento son lo mejor en este mundo.[389]

Sepas que las ciencias de los sufís son las ciencias de los estados espirituales. Los estados espirituales son la herencia de las obras, y no hereda de las obras más que aquél cuyas obras son justas.[390]

Vamos a investigar qué dicen los maestros que es el comportamiento justo.

El comportamiento justo no son las renuncias, las austeridades, las prácticas rituales, el sometimiento.

Tiñe el yogui sus hábitos,
en vez de teñir su mente con los colores del amor;
se sienta en el templo del Señor,
y se aleja de Brahman para adorar a una piedra.
Se perfora las orejas
luce una gran barba y lleva enmarañado el cabello;
parece una cabra.
Se interna en las selvas,
apaga todos sus apetitos y se convierte en eunuco;
se rasura la cabeza y tiñe su indumentaria;
lee el Gita y se transforma en un poderoso charlatán.
Dice Kabir:
¡Te diriges hacia el umbral de la muerte

---

389. Digha Nikaya. Pg. 310-311.
390. Kalabadhi: *Traité de soufisme.* Pg. 91.

atado de pies y manos.[391]

¡Oh, hermano! Cuando estaba distraído,
mi verdadero Gurú me mostró el Sendero.
Entonces abandoné ritos y ceremonias,
y dejé de bañarme en las aguas sagradas.
Entonces, descubrí que era yo el único demente;
que estaba cuerdo el mundo a mi alrededor,
y que yo había perturbado a su gente sabia.
Desde ese instante
ya no pude continuar más en el polvo de la sumisión:
no toco la campana del templo,
no pongo al ídolo en su trono,
no adoro con flores las imágenes.
No son las austeridades que mortifican la carne
lo que complace al Señor;
con quitarte la indumentaria y aniquilar tus sentidos
no le halagas.
El hombre bondadoso y que practica la rectitud;
el que se mantiene inalterable entre los intereses del mundo;
el que considera las criaturas de la tierra como a sí mismo;
este hombre alcanza al Ser Inmortal:
el verdadero Dios mora siempre en Él.[392]

Cuando se busca algo para sí, aunque sea el Paraíso, no hay una conducta justa que conduzca al conocimiento.

Decía Râbi'â: "el que adora a su Señor por temor o con el deseo de una recompensa, es un mal servidor". "Y tú ¿por qué le adoras?" -le preguntaron-. "¿No esperas el Paraíso?". Ella respondió: "¿no os basta que tengamos autorización para adorarle?". Y solía decir: "Oh Dios mío, si te adoro por miedo al infierno, quémame en el infierno; si te adoro con la esperanza del Paraíso, exclúyeme del Paraíso; pero si te adoro sólo por Ti, no me escondas tu belleza eterna".[393]

---

391. Kabir: *Cien poemas.* Pg. 93.
392. Kabir: *Cien poemas.* Pg. 92.
393. Vitray-Meyerovitch, Eva de: *Anthologie du soufime.* Pg. 210.

Actitud imperfecta, moral egoísta sobre la que se basan muchas religiones: "Os doy esto, pero a cambio espero ir al cielo".[394]

Sólo cuando nuestra acción es total y completamente gratuita, la acción se convierte en conocimiento.

¿Quienes son los que honran a Dios? Aquellos que no persiguen ni bien ni gloria, ni aprobación, ni placer, ni interés, ni devoción interior, ni santidad, ni recompensa, ni reino de los cielos, sino que están liberados de todo eso, de todo lo que les pertenece: es de estos de los que Dios recibe su honor, ellos glorifican a Dios y le dan lo que es debido. (...) no debemos servir ni actuar por una recompensa cualquiera, ni por Dios, ni por nuestro honor, ni por ningún bien exterior a nosotros, sino únicamente por amor a lo que es nuestra propia esencia y nuestra propia vida y que reside en nosotros.[395]

No practicar para sí mismo, tal es el principio de la verdadera religión, de la más elevada sabiduría.[396]

Este es un gran error en el comportamiento, capaz de bloquear el camino: buscar el propio bien como diferente y contrapuesto al bien de los demás.

A menos de que el bien de todos no se convierta en tu propio bien, oh Rama, no harás más que añadir trabas a tus pies. Incluso el bien de tu Imperio es ilusión si es exclusivo y está separado del bien de todos los seres.

Adora al Siempre-Misericordioso, al Infinito Amor, como si se tratase de tu propia alma, y permanece en la paz dando paz a todos.[397]

Sólo quien se olvida por completo de sí mismo es pobre de espíritu, y sólo el pobre de espíritu ha roto la burbuja del yo que le enclaustra en la ilusión. Quien busca para sí la eternidad o Dios, todavía no se ha olvidado de sí mismo.

---

394. Yoka Daishi: Shodoka. En: T. Deshimaru: *El canto del inmediato satori.* Pg. 126.

395. Maestro Eckhart: *Obras escogidas.* Pgs. 129, 134.

396. Yoka Daishi: *Shodoka.* Pg. 127.

397. Valmiki: *El mundo está en el alma.* Pg. 40.

...mientras tengáis el deseo de la eternidad y de Dios, no sois aún completamente pobres de espíritu. Pues sólo es pobre aquel que no quiere nada y no desea nada.[398]

Hacer zazen, mushotoku, sin meta ni espíritu de provecho es verdadera pureza, verdadera fuerza.[399]

Soltar todo lo que se posee y hacer de sí mismo un don, eso es comportamiento justo.

El don gratuito es el origen de la verdadera felicidad.[400]

El Maestro Dogen remarcó en el Bendowa: "Si abrís vuestras manos, podéis recibirlo todo".[401]

Siguiendo el camino, vino uno que le dijo: Te seguiré adondequiera que vayas. Jesús le respondió: Las raposas tienen cuevas, y la aves del cielo nidos; pero el Hijo del hombre no tiene dónde reclinar la cabeza.[402]

El comportamiento justo no es ni una moral, ni una renuncia, ni, menos, un sometimiento a preceptos.

Los preceptos no deben ser ni una moral ni un ascetismo.[403]

Atarse al pie de la letra a los preceptos es egoísmo o miedo.[404]

Para atinar con el comportamiento justo sólo una norma es válida: el amor.

El Profeta dijo: "una mujer pecadora, que vivía de forma inmoral y depravada, iba un día caminando por el campo. Vio en su camino un pozo y, cerca del pozo, un perro sediento, con la lengua fuera. Con gran ternura, dejó de lado lo que iba a hacer, se quitó el manto para servirse de él como de

---

398. Maestro Eckart: *Obras escogidas.* Pg.193.
399. Yoka Daishi: *Shodoka.* Pg. 132.
400. Yoka Daishi: *Shodoka.* Pg. 131.
401. T.Deshimaru: *El canto del inmediato satori.* Pg. 169.
402. Lc. 9,57-58.
403. T.Deshimaru: *El canto del inmediato satori.* Pg. 145.
404. T.Deshimaru: *El canto del inmediato satori.* Pg. 146.

cuerda y de su zapato hizo un cazo. Y así pudo sacar agua del pozo y dar de beber al perro. Por esta acción, Dios la glorificó en los dos mundos. La noche de mi ascensión, la vi, bella como la luna, habitando en el Paraíso".[405]

El amor como única norma de nuestro comportamiento ha de ejercitarse en este nuestro mundo material y lleno de limitaciones, tal como es, no como debiera ser. La vida como plenitud de amor ha de ser aquí, ¿dónde si no?

La Vía está en este mundo material.
La Vía y lo material no se entorpecen mutuamente.
Aquel que se aleja de lo material y busca la Vía en otra parte,
no podrá verla realmente durante toda su vida.[406]

La vida de un guerrero no puede ser fría, solitaria y desnuda de sentimientos, dijo, porque está fundamentada sobre el afecto, la devoción, la entrega a aquellos a quienes ama.[407]

¿Cuál es la tierra tan vacía de Ti
para que ellos se yergan buscándote en los cielos? [408]

¡Oh, Gudakesha! Yo soy quien reside en el corazón de todas las criaturas.[409]

Sobre la superficie de la tierra, bajo la bóveda de los cielos,
donde quiera que mire, es a Ti a quien solamente veo.[410]

Las obras, el conocimiento y la emoción son tres caras de unos mismos hechos. Para discernir la acción justa hay que aprender a discernir la emoción justa y el conocimiento justo.

En un espíritu del todo desarrollado, ideas y sentimientos se hallan tan unidos con el acto, que de tal unión no queda, por decirlo así, nada suelto.[411]

405. Vitray-Meyerovitch, Eva de: *Anthologie du soufisme.* Pg.   220.
406. Huei-Neng. *Vida y enseñanza.* Pg. 42.
407. Castaneda, Carlos: *Relatos de poder.* Pg. 275.
408. Hallaj: Diwan. *Qasida* X. M.1
409. *Bhagavad-Gita.* X,20.
410. Valad, Sultân: *Maître et disciple.* Pg.63.
411. Humphreys, Ch.: *Concentración y meditación.* Pg. 116.

Por una parte, la emoción está relacionada con el instinto y, por otra, con la intuición. Se requiere mucha experiencia para discernir un aspecto del otro. Suele decirse que las mujeres son más intuitivas que los hombres. Desde luego son más emotivas, y por ello es opinión común que están más en contacto con la intuición. Pero aquí es necesario matizar, pues mucho de lo que se toma por voz de la intuición no es otra cosa que la voz sutil del deseo. La prueba decisiva para determinar el verdadero carácter de esos "relámpagos" de persuasión irracional es la aconsejada por el Buda como única digna de confianza. El conocimiento así adquirido ¿está de acuerdo con las experiencias previas y con el conocimiento ya verificado? en tal caso, puede darse por bueno provisionalmente; de no ser así, conviene reflexionar despacio antes de obedecer a un impulso contrario a la razón y a la experiencia pasada. En esto reside el valor del otro método, sin duda más oneroso, pero también más seguro, de aproximarse a la intuición: el que pasa por el intelecto. La verdad que se funda en un austero raciocinio queda tarde o temprano ratificada por la luz de la intuición, mientras el sentimiento carente de apoyo racional quizás sea genuino, pero de igual modo puede ser, como decíamos, la voz del deseo con otro disfraz.[412]

De la acción justa brotará paz, calma, interés por todo y, sobre todo, compasión.

Todo lo que viene de Dios no es más que quieta paz, calma y dulzura: El deja esa dulzura en el alma, la expande en abundancia a su alrededor, incluso si, a primera vista, tiene a veces un aspecto austero.[413]

El habitante del desierto interior mira amigablemente a la muchedumbre. No le queda hostilidad o ironía. Sonriéndole con ternura, sabe que todos son llamados y que habrá muchos elegidos.[414]

El habitante del desierto interior es seducido por la belleza del mundo.[415]

Los sufís son los seres más compasivos con relación a las criaturas humanas,

---

412. Humphreys, Ch.: *Concentración y meditación.* Pg. 115.
413. Teofano el Recluso: *Consejos a los ascetas.* Pg. 129.
414. Davy, M.M.: *Le desert interieur.* Pg. 20.
415. Davy, M.M.: *Le desert interieur.* Pg. 207.

sin distinción. Son, también los más pródigos de lo que poseen ellos mismos y los más indiferentes a lo que poseen los otros,...[416]

En la medida en que Karuna, la compasión, pertenece a la categoría de las emociones, es la emoción budista por excelencia. No en vano se aplica al Buda con tanta frecuencia el título de "Gran Compasivo" junto con el de "Gran Iluminado".[417]

La Compasión no es atributo. Es Ley de leyes, eterna Armonía, esencia universal sin límites, luz de la perpetua Equidad, consonancia de todas las cosas; es la ley del amor eterno.[418]

Pero la compasión es sólo una manifestación del amor. El amor es el único fundamento de la acción justa. Amar a todo, sin condiciones y sin exclusiones, esa es la guía.

Lo más importante es el amor.[419]

El amor es el astrolabio de los misterios de Dios.[420]

Pürnamaitráyaniputra pregunta a Sariputra: ¿el Bodhisattva debe tributar respeto sólo a los otros Bodhisattvas y no a todos los seres en general?

Sariputra responde: debe respetar a todos los Bodhisattvas y a todos los seres sensibles sin efectuar distinción alguna entre ellos. Pues corresponde al Bodhisattva cultivar hacia todos los seres el sentimiento de humildad y reverencia y no mirarlos con arrogancia. De hecho, debe venerarlos con el mismo sentimiento de abnegación con que venera a los Tathagatas.[421]

En un sutra está escrito: todos los seres sensibles son mis hijos. Todas las personas mayores son mi padre y mi madre. Todos los hombres y mujeres de mi edad son mis hermanos y mis hermanas. Todos los niños son mis hijos y mis hijas.[422]

---

416. Kalabadhi. *Traité de soufisme*. Pg. 60.
417. Humphreys, Ch.: *Concentración y meditación*. Pg. 100.
418. Humphreys, Ch.: *Concentración y meditación*. Pg. 100.
419. Humphreys, Ch.: *Une aproche occidentale du zen*. Pg. 168.
420. Rumi, Djalal-od-din: *El Masnavi*. Pg. 18.
421. Suzuki. D.T.: *Essais sur le bouddhisme zen. Troisième serie*. Pg. 307.
422. Deshimaru, T.: *La práctica de la concentración*. Pg. 136.

Para los hombres virtuosos es algo natural ayudar a sus prójimos en peligro o angustiados y conducirles hacia la seguridad y la ventura, como el sol dirige a las gentes hacia la luz.[423]

Si falta el amor, nada sirve; si falta el amor, hay que dejarlo todo y salir a buscarlo hasta encontrarlo.

Si tus pasos fueren ajenos a las sendas del amor, márchate, aprende primero a amar, y luego comparece de nuevo ante mí.[424]

Si vas, pues, a presentar una ofrenda ante el altar y allí te acuerdas de que tu hermano tiene algo contra ti, deja allí tu ofrenda ante el altar, ve primero a reconciliarte con tu hermano y luego vuelve a presentar tu ofrenda.[425]

Cuando hay amor, hay conocimiento; si hay amor sin condiciones, hay conocimiento absoluto, conocimiento de Dios.

El amor, en sí mismo, es una cuestión seria; es algo que marcha parejo con la iluminación.[426]

El que no ama no conoce a Dios, porque Dios es amor.[427]

Dios es amor, y el que vive en amor permanece en Dios y Dios en él.[428]

Para la Vía sólo hay, pues, un precepto: amar.

Se le acercó uno de los escribas que había escuchado la disputa, el cual, viendo cuán bien había respondido, le preguntó: ¿Cuál es el primero de todos los mandamientos? Jesús contestó: el primero es: Escucha, Israel: El Señor, nuestro Dios, es el único Señor, y amarás al Señor tu Dios con todo tu corazón con toda tu alma, con toda tu mente y con todas tus fuerzas. El segundo es éste: Amarás a tu prójimo como a ti mismo. Mayor que estos no

423. Valmiki: *El mundo está en el alma.* Pg. 74.
424. Nicholson, R.A.: *Los místicos del Islam.* Pg. 120.
425. Mt. 5,23-25.
426. Shah, Idries: *Les soufis et l'esoterisme.* Pg. 114.
427. 1Jn. 4,8.
428. 1Jn. 4,16.

hay mandamiento alguno.[429]

Ahora te ruego, señora, no como quien escribe un precepto nuevo, sino que desde el principio tenemos, que os améis unos a otros; y ésta es la caridad, que caminemos según sus preceptos. Y el precepto es que andemos en caridad, según habéis oído desde el principio.[430]

Este es mi precepto: que os améis unos a otros como yo os he amado. Nadie tiene amor mayor que éste de dar uno la vida por sus amigos.[431]

Sin amarlo todo, no hay amor a Dios. Amar a Dios es amar total y completamente "todo esto que nos rodea".

Venid, benditos de mi Padre, tomad posesión del reino preparado para vosotros desde la creación del mundo. Porque tuve hambre, y me disteis de comer; tuve sed, y me disteis de beber; peregriné, y me acogisteis; estaba desnudo, y me vestisteis; enfermo, y me visitasteis; preso, y vinisteis a verme. Y le responderán los justos: Señor, ¿cuándo te vimos hambriento y te alimentamos, sediento y te dimos de beber? ¿Cuándo te vimos peregrino y te acogimos, desnudo y te vestimos? ¿Cuándo te vimos enfermo o en la cárcel y fuimos a verte? Y el Rey les dirá: En verdad os digo que cuantas veces hicisteis eso a uno de estos mis hermanos menores, a mí me lo hicisteis.[432]

Me gustaría vivir solo en una ermita pequeña con el techo de paja, construida a la sombra del bosque de pinos. Viviendo en esta cabaña, si un niño cayera enfermo en el este, iría a curarlo. Si una madre estuviera fatigada en el oeste, iría a ayudarle y a darle masajes en los hombros. Si hubiera un moribundo en el sur, iría a decirle que no se preocupara, que no tuviera miedo de la muerte. Pero si muriese, lloraría con una profunda compasión por él y por su familia. Si en el norte hubiera una querella, iría a detenerla y diría: No pelearse. Combatir no sirve de nada. Aunque algunos me criticasen y me tratasen de estúpido, no me entristecería. Aunque otros me admirasen como a una buena persona, no me alegraría. Espero ser así algún día.[433]

---

429. Mc. 12,28-33.
430. 2Jn. 5.
431. Jn. 15,12-13.
432. Mt. 25,31-40.
433. Deshimaru, T.: *La práctica de la concentración.* Pg. 247.

El amor no excluye ni a los enemigos.

Aprende de las conchas de los mares de Oriente
a amar a tu enemigo, pues ellas llenan de perlas
las manos que las destrozan.[434]

El amor tampoco tiene fin.

Dhû'l-Nûn contaba: En uno de mis viajes, encontré a una mujer y le
pregunté cuál es el fin del amor. -Imbécil, me chilló, el amor no tiene fin.
Pregunté: ¿Y por qué eso? Ella respondió: Porque el Bien-Amado no tiene
fin.[435]

El amor sólo tiene un enemigo: mi egoísmo, nuestro egoísmo.

El riesgo en el camino del amor proviene de "mi" y de "nosotros".[436]

El conocimiento y el amor son dos caras de lo mismo; es más, el conocimiento de Dios es un amor peculiar porque es intenso, sutil y realizado en todo lo que nos rodea.

El conocimiento (la gnosis) y el amor están estrechamente ligados en la
ascética oriental.

El amor es inseparable del conocimiento, de la gnosis.[437]

El conocimiento de Dios es un amor espiritual.[438]

Ninguno de vosotros es creyente en tanto que no desee para su hermano lo
que desea para sí mismo.[439]

434. Hafiz, En: Guraieb, J.E.: *El sufismo en el cristianismo y el islam*. Pg. 55.
435. Vitray-Meyerovitch, Eva de: *Anthologie du soufisme*. Pg.   73-4.
436. Valad, Sultân: *Maître et disciple*. Pg. 52.
437. Lossky, Vladimir: *Teología mística de la Iglesia de Oriente*. Pg. 154 y 160.
438. Teofano el Recluso. *Consejos a los ascetas*. Pg. 45.
439. Hadith del Profeta, En: *An-Nawâwî: Los cuarenta hadits*.   n.13.

Amar a todo lo que nos rodea es hacer de sí mismo un don. Sólo el que hace de sí mismo un don es completamente libre.

Si las obras se ejecutan sin considerarlas como sacrificio (don), el mundo de los hombres es encadenado por ellas; así, pues, ejecuta las obras considerándolas como un sacrificio y liberándote de todo lazo, ¡oh, hijo de Kunti! [440]

Los hombres piadosos que comen los restos del sacrificio eliminan de ellos todo pecado, pero los que preparan los alimentos para sí mismos son pecadores. [441]

Es preciso menospreciar el orgullo y la suficiencia; seguir el camino de la dulzura y de la generosidad. [442]

...si alguno de vosotros quiere ser grande, sea vuestro servidor; y el que de vosotros quiera ser el primero, sea siervo de todos, pues tampoco el Hijo del hombre ha venido a ser servido, sino a servir y a dar su vida en rescate por muchos. [443]

En el sometimiento no hay vida, porque donde no hay libertad no hay amor. El amor no es sometimiento. El amor total es libertad total. Quien ama no se equivoca en el Camino.

Ese hombre de la hipocresía tiene en el extremo de su lengua un centenar de pruebas y preceptos, pero no hay vida en él. [444]

A aquél que está embriagado de Dios, todo le está permitido; todo lo que hace es justo, en su camino no hay error. [445]

Para ellos, el error no es error.
Todo lo que hacen los amantes es justo. [446]

440. *Bhagavad-Gita.* III,9.
441. *Bhagavad-Gita.* III,13
442. Attar, Farid-ud-din: *Le livre divin.* Pg.263.
443. Mc. 10,43-45.
444. Rumi, Djalal-od-din. *El Masnavi.* pg. 293.
445. Valad, Sultân: *Maître et disciple.* Pg. 45.
446. Valad, Sultân: *Maître et disciple.* Pg. 47.

Quien ama, sin someterse, cumple todos los preceptos. Cualquier justicia -cualquier sistema de preceptos-, sea la de los escribas y fariseos o sea la de cualquier otro grupo humano o tradición religiosa, no conduce al Reino, queda corta, separa de El. Sólo el amor consuma la Ley y los Profetas.

No penséis que he venido a abrogar la Ley o los Profetas; no he venido abrogarla, sino a consumarla.[447]

Porque os digo que, si vuestra justicia no supera a la de los escribas y fariseos, no entraréis el reino de los cielos.[448]

Habéis oído que se dijo a los antiguos: No matarás; el que matare será reo de juicio. Pero yo os digo que todo el que se irrita contra su hermano será reo de juicio.[449]

Habéis oído que fue dicho: No adulterarás. Pero yo os digo que todo el que mira a una mujer deseándola, ya adulteró con ella en su corazón.[450]

Habéis oído que se dijo: Ojo por ojo y diente por diente. Pero yo os digo: No hagáis frente al malvado; al contrario, si alguno te abofetea en la mejilla derecha, vuélvele también la otra, y al que quiera litigar contigo para quitarte la túnica, déjale también el manto y si alguno te requisara para una milla, vete con él dos.[451]

Habéis oído que fue dicho: Amarás a tu prójimo y aborrecerás a tu enemigo.

Pero yo os digo: Amad a vuestros enemigos y orad por los que os persiguen, para que seáis hijos de vuestro Padre, que está en los cielos, que hace salir el sol sobre malos y buenos y llueve sobre justos e injustos....

Sed, pues perfectos, como perfecto es vuestro Padre.[452]

---

447. Mt. 5,17.
448. Mt. 5,20.
449. Mt. 5,21-22.
450. Mt. 5,27-28.
451. Mt. 5, 38-42.
452. Mt. 5,43-48.

8. EL CAMINO INTERIOR Y EL ÁMBITO POLÍTICO-SOCIAL

Existen dos grandes tipos de tradiciones religiosas:

Unas en las que es imposible distinguir en la vida del pueblo, lo que es profano, de lo que es sagrado; y otras tradiciones en las que la distinción de esos dos campos es clara y nítida.

En las tradiciones unitarias, toda la vida debe estar orientada y regida por Dios; en las tradiciones duales, la religión es un campo acotado en el seno de una cultura y sociedad autónoma y profana, que se presenta como un sistema de iniciación a la dimensión sagrada de la existencia.

En la primera categoría estaría Israel y el Islam.

En la segunda categoría estarían las Iglesias Cristianas y las tradiciones religiosas de origen indio: Hinduismo, Yoga y Budismo.

Veamos con un poco más de detalle el estilo de estos dos grandes grupos.

Toda la vida de Israel se organizó en torno al Pacto con Yahvé. Israel se somete a los preceptos que Yahvé le impone a cambio de ser su aliado, su protegido y su pueblo escogido.

La vida del pueblo, sus instituciones, sus leyes, sus concepciones y valores, toda su cultura e incluso su vida cotidiana giraba entorno de los preceptos, promesas y palabras de Yahvé.

La vida de Israel, como pueblo, y su religión fueron una sola cosa. Su identidad fue su condición de pueblo escogido de Yahvé.

Los profetas fueron los amonestadores de parte de Yahvé y fueron la conciencia del pueblo contra los abusos de los reyes y las elites o contra las desviaciones de la comunidad.

En el Islam, la religión de la Unidad, todo es uno.

El Islam pretende integrar en Dios todos los aspectos de la vida de la comunidad de los creyentes. Nada debe existir en el individuo y en la comunidad que no esté orientado y dirigido a Dios. Todo debe de girar en torno de Alá, el Único: la cultura, las leyes, el poder y la política, la economía, la ordenación del tiempo de la vida cotidiana.

El Islam es la comunidad de los sometidos, en todo, a la revelación de Alá, recibida a través de su profeta, Mahoma.

En el Islam todo debe fundamentarse en el libro revelado, el Corán. Para el Islam no hay ningún otro fundamento para la vida del pueblo que no sea la palabra revelada. Sólo el Corán es la guía de la comunidad; sólo del sometimiento a su palabra resulta la equidad.

El Islam ordena la vida de la comunidad de forma que pueda cumplirse el núcleo de su profesión de fe: "no hay más dios que Dios", es decir: no hay vida, para cada uno de los individuos y para la comunidad entera, en nada que no sea El; nada por encima de El; nada fuera de El; nada junto a El; El es el Único porque es la única fuente de vida para el pueblo.

El ideal del Islam es organizar la vida colectiva, en todos sus aspectos, de tal forma que lleve, a todos y a cada uno de sus miembros, a la gran afirmación, compendio de la fe musulmana: "no veas más que Uno, no digas más que Uno, no conozcas más que Uno".

Vivir el Islam es realizar la Unidad, integrarlo todo en el Uno.

El Cristianismo nace y se desarrolla como un ofrecimiento de vida interior, de vida en el Espíritu, hecho en una cultura sólidamente asentada y profana.

No era ni imaginable arrasar la cultura helenista y romana del Imperio, -asentada en sólidas bases filosóficas, artísticas, económicas, legales y políticas-, para intentar construir una sociedad con fundamentos nuevos y exclusivamente religiosos, como lo había hecho Israel y como lo pudo hacer, con facilidad, el Islam, posteriormente, en Arabia.

El Cristianismo tuvo que reconocer la legitimidad y solidez autónoma del mundo profano, con todas sus estructuras y sus fundamentos independientes de la Palabra Sagrada; y tuvo que ofrecer, ahí, una vida nueva, un espíritu nuevo.

Así la sociedad cristiana posterior tuvo dos fundamentos, uno religioso y otro profano: la Palabra de Dios y el poder y la cultura helenística.

Durante muchos siglos de la historia del Cristianismo se intentó borrar esa dualidad y construir una comunidad unificada semejante a Israel o a su gran competidor, el Islam. Nunca fue posible. El Renacimiento y, después, la Ilustración, dieron el golpe de gracia a esos intentos.

El desarrollo posterior en ámbitos cristianos de la sociedad científica y tecnológica consagró definitivamente la dualidad:

-cultura humana autónoma, secular, laica en todos sus niveles, políticos, sociales, legales e incluso valorales

-y ofrecimiento de una vida superior en una dimensión de sutileza, espiritualidad, interioridad, paz, veneración y amor.

Este planteamiento cristiano es semejante a los que proceden de la India. También el Hinduismo, en gran parte, y el Yoga y el Budismo, por completo, dejan que las construcciones culturales humanas funcionen con total autonomía. Todas esas corrientes religiosas se limitan a ofrecer otra dimensión que permite vivir la vida humana desde una perspectiva de luz y de paz.

La fuerza de la autonomía de las ciencias y los desarrollos tecnológicos han provocado transformaciones profundas en los modos de vida de las colectividades, en sus organizaciones, sus concepciones y sus valores. Las transformaciones han sido tan potentes y tan rápidas que han sometido a todas las tradiciones religiosas a una dura prueba; pero más que a ninguna otra tradición al Islam. El Islam está sufriendo la época más ardua de su larga historia.

El Islam tiene que convertirse en una sociedad científica e industrial, si quiere sobrevivir; para lo cual tiene que transformar todas sus organizaciones, estructuras, leyes, costumbres y valores.

Si lo hace, deja de ser la religión de la Unidad y se hace infiel a su tradición y a lo que es la radical peculiaridad del Islam: la polarización de la vida total del pueblo entorno de Alá y sobre un único fundamento, el Corán.

Si la comunidad musulmana quiere no perecer frente a Occidente, tiene que adoptar su estructura dual: vida profana por un lado y religión por otro. Y si lo hace, es infiel a su propia tradición, fe, cultura, historia e identidad.

Este es el terrible dilema frente al que se encuentra, de hecho, el Islam, a menos de que sea capaz de inventar un nuevo camino que no sea ni el que ha seguido hasta ahora, -ya que tiene que asimilar la cultura científica e industrial-, ni el dual propio de Occidente.

La tradición del Islam dice que Israel es la letra, el Cristianismo el espíritu y el Islam la conjunción de letra y espíritu. Pero la letra del Corán era el fundamento de una sociedad preindustrial. Se ha hecho evidente que no puede continuar siendo la ley y la letra de una sociedad industrial y dinámica. Si la comunidad musulmana quiere realizar el ideal del Islam, tendrá que ser fiel a su espíritu, pero, apoyados en ese espíritu, tendrá que ser capaz de hacer una nueva lectura de la letra. Jamás hizo eso el Islam, y suena a blasfemia. Pero si no lo hace, perecerá o languidecerá bajo la presión del crecimiento de la sociedad industrial dinámica.

¿Cual ha de ser la actitud de las restantes tradiciones religiosas con respecto al funcionamiento realmente autónomo y acelerado de las organizaciones, estructuras sociales y políticas de la cultura científica e industrial de Occidente?

La doctrina de los maestros es que las personas y los grupos religiosos deben servir a las sociedades en que viven. Las tradiciones religiosas deben hacerse presentes en todos los niveles de la vida colectiva, pero para servir, exclusivamente para servir, jamás para dominar, controlar y ser servidos.

Servir y no dominar, significa renunciar por completo a intentar controlar lo que los individuos y los grupos deben pensar y lo que deben sentir; renunciar a imponer cómo deben vivir, qué deben valorar; renunciar, por completo y como contrario a lo que enseñaron los maestros, a imponer a los individuos y a los grupos "proyectos de vida" con pretensión de garantía divina.

Servir es no dominar y es dejar libertad plena, es ayudar al desarrollo autónomo de todas las cosas.

Servir no es imponer un camino a los modos de vida de las gentes, a sus organizaciones, sus valores, sus formas de convivencia y gobierno, sino ayudar a que todo eso camine libremente y lo mejor posible.

Sólo a través del servicio, y jamás por el control y el dominio, podremos hacer presente el amor y el espíritu de Dios en las nuevas sociedades industriales. Será ese espíritu hecho patente el que enderezará los caminos. Y los enderezará sin imponerles nada, ninguna ley, ninguna fórmula, ninguna creencia, ningún sometimiento; porque el espíritu actúa sutilmente y desde dentro, respetando la autonomía y la libertad de todo.

La eficacia de la acción de las grandes tradiciones religiosas en las nuevas sociedades industriales se sitúa en la suma sutilidad; y la sutilidad no es debilidad sino poder, pero un poder de otro tipo, heterogéneo a los poderes de este mundo. Por eso dice Jesús que su reino no es de este mundo.

No hay que olvidar que lo que nos estamos planteando no es:

-qué soluciones pueden aportar las religiones a los problemas sociales y políticos de nuestro tiempo;

-ni cómo los grupos religiosos, las personas religiosas y las tradiciones religiosas, resultan útiles a las colectividades humanas;

-ni, menos, cómo las religiones se hacen aceptar, se legitiman frente a las nuevas culturas industriales laicas, a causa de los beneficios que comportan a los colectivos.

Lo que nos interesa comprender, desde nuestro planteamiento, es cómo tiene que ser la acción social y política de quienes pretenden hacer el camino interior.

Queremos saber, cómo tiene que ser la acción político-social para que no sea una acción que obstaculice el camino interior o que esté al margen de él.

Desde esta perspectiva, la afirmación de los maestros es clara: si vuestra acción social y política es puro servicio, vuestra acción no os será obstáculo en el camino. Al contrario, si vuestra acción es servicio, libre, inteligente -no simplemente bonachón-, sin restricción ni reserva ninguna, sin medida, os llevará al amor y a la libertad sin medida. Y el amor y la libertad sin medida es el Conocimiento Superior, el Conocimiento de Dios aquí mismo.

Pero para servir sin condiciones hay que ser completamente libre. Quien necesita algo, no es libre. Quien necesita, vive y se refugia en el mundo, no es libre, ni tampoco puede servir.

Servir ayuda a ser libre, pero para servir hay que ser libre. Sirviendo uno aprende a ser libre, y siendo libre uno aprende a servir.

Mientras no se es libre hasta poder servir incondicionalmente, el mundo y la sociedad pueden ser obstáculo para el camino. A medida que se atina a servir, en la misma medida se consigue ser libre y, en esa misma proporción, el obstáculo del mundo se disuelve.

Cuando se es libre y se puede servir sin condiciones, el mundo ya no es obstáculo sino el rostro mismo de Dios.

Sólo quien no busca nada, sirve. Quien busca algo, se sirve.

Quien, sin buscar nada, sirve, aprende a amar y ayuda a amar. Quien aprende a amar libre y desinteresadamente, aprende a conocer a Dios.

Quien, sin pretender dominar, ni utilizar, sirve a la sociedad, sin reserva alguna, se enciende en amor; entonces, el velo de este mundo no oculta el rostro de Dios, al contrario, este mundo se convierte todo él, y en todos sus rincones, en la revelación del rostro de Dios. Cuando eso ocurre, dicen los maestros que aunque se apartara el velo, la certeza y el gozo no aumentarían.

TEXTOS

En Israel

Toda la vida de Israel está regulada por los preceptos que Yahvé le impone con su Alianza. El pueblo de Israel es una teocracia.

Vino, pues Moisés y transmitió al pueblo todas las palabras de Yahvé y sus leyes, y el pueblo a una voz respondió: "Todo cuanto ha dicho Yahvé lo cumpliremos". Escribió Moisés todas las palabras de Yahvé.

Tomando después el libro de la Alianza, se lo leyó al pueblo, que respondió: "Todo cuanto dice Yahvé lo cumpliremos y obedeceremos". Tomó él la sangre y aspergió al pueblo, diciendo: "Esta es la sangre de la alianza que hace con vosotros Yahvé sobre todos estos preceptos.[453]

A pesar de que las cuestiones religiosas y las político-sociales forman una estricta unidad, Israel distingue entre el poder de los Profetas y el de los Reyes, porque en ocasiones se contraponen claramente.

Samuel dijo a Saúl: "Has obrado neciamente y has desobedecido el mandato de Yahvé, tu Dios. Está Yahvé para afirmar tu reino sobre Israel para siempre; pero ahora ya tu reino no persistirá. Ha buscado Yahvé un hombre según su corazón para que sea jefe de su pueblo, porque tú no has cumplido lo que Dios te había mandado".[454]

Entonces fue la palabra de Yahvé a Elías, tesbita, diciendo: "Levántate y baja al encuentro de Ajab, rey de Israel, a Samaria. Está en la viña de Nabot, adonde ha bajado para posesionarse de ella. Dile: "Así habla Yahvé: ¿No eres tú un asesino y un ladrón? Y le dirás: Así habla Yahvé: En el lugar mismo donde han lamido los perros la sangre de Nabot, lamerán

---

453. Ex. 24, 3-4, 7-8.
454. 1Sa, 13, 13-14.

los perros tu propia sangre." Ajab dijo a Elías: "¿Me has hallado, enemigo mío?" y Elías le respondió: "Te he hallado. Porque tú te has vendido para hacer el mal a los ojos de Yahvé, yo haré venir el mal sobre ti, yo te barreré, yo exterminaré a cuantos pertenecen a Ajab, esclavo y libre, en Israel, y haré tu casa semejante a la de Jeroboam, hijo de Nabot, y a la casa de Basa, hijo de Ajïya, porque tú me has provocado y has hecho pecar a Israel. Así habla Yahvé de Jezabel: "Los perros comerán a Jezabel cerca del muro de Jezrael. El que de la casa de Ajab muera en la ciudad será comido por los perros, y el que muera en el campo será comido por las aves del cielo." [455]

Los profetas no siempre se enfrentan a los reyes, en ocasiones los avalan.

Así dice Yahvé a su ungido, Ciro, a quien tomé de la diestra para derribar ante él las naciones, y yo desceñiré las cinturas de los reyes, para abrir ante él las puertas y para que no se cierren las entradas. Yo iré delante de ti y allanaré los ribazos. Yo romperé las puertas de bronce y arrancaré los cerrojos de hierro. Yo te entregaré los tesoros escondidos y las riquezas de los escondrijos, para que sepas que yo soy Yahvé, el Dios de Israel, que te llamó por tu nombre. Por amor de mi siervo Jacob, por amor de Israel, mi elegido, te he llamado por tu nombre, te he dado un nombre glorioso, aunque tú no me conocías. Soy yo, Yahvé, no es ningún otro; fuera de mí no hay Dios. Yo te he ceñido, aunque no me conocías, para que sepan desde el levante del sol y desde el poniente que no hay ninguno fuera de mí. Yo soy Yahvé, no hay ningún otro; el que formó la luz y creó las tinieblas, el que da la paz y crea la desdicha. Yo soy, Yahvé, quien hace todo esto. [456]

En el Islam

El Islam es la religión de la unidad. El Islam pretende reunir en una estricta unidad todos los aspectos de la vida humana.

---

455. 1Re 21,17-25.
456. Is. 45,1-8.

En el Islam, todo es unidad.[457]

La unidad no es solamente una afirmación metafísica concerniente a la naturaleza del Absoluto, sino también un método de integración, un medio de realizar su propia totalidad y la profunda unicidad de toda existencia. Cada aspecto del Islam gravita en torno de la doctrina de la Unicidad, unidad que el Islam busca realizar ante todo en el ser humano, en su vida interior y exterior. Toda manifestación de la existencia humana debería estar orgánicamente ligada a la Shahâda "Lâ ilâha ill'Allah" (no hay más dios que Dios) que es la forma más universal de expresar la Unidad. Esto significa que el hombre no debería compartimentarse, establecer divisiones entre sus pensamientos y sus acciones. Cada uno de sus actos, hasta su forma de caminar y de comer, debería manifestar la norma espiritual que reside en su espíritu y en su corazón.[458]

El Islam, en efecto, porque es la religión de la Unidad, no ha establecido jamás, y en ningún dominio, distinción entre lo espiritual y lo temporal, entre lo religioso y lo profano.[459]

La conjunción de lo espiritual y de lo temporal caracteriza el clima intelectual musulmán.[460]

El Islam es la comunidad de la unidad y de los unificados.

No hay igualdad: entre las gentes del Libro hay una comunidad verdadera cuyos miembros recitan las aleyas de Dios durante la noche y se postran, creen en Dios, en el último Día, mandan lo establecido, prohíben lo reprobable y se apresuran a hacer buenas obras; esos están entre los justos.[461]

Toda la vida de la comunidad, en todos sus aspectos, se rige por el libro revelado, el Corán.

---

457. Boisard, M.A.: *L'humanisme de l'Islam.* Pg. 71.
458. Seyyed Hossein Nasr: *Islam. Perspectives et realites.* Pg. 35.
459. Seyyed Hossein Nasr: *Islam. Perspectives et realites.* Pg. 37.
460. Boisard, M.A.: *L'Humanisme de l'Islam.* Pg. 71.
461. Cor. III,110.

Entre quienes hemos creado hay una comunidad que toma la verdad como guía y practica la equidad.[462]

Sí, les hemos entregado un Libro, lo hemos explicado para hacerlo comprender bien: es una Dirección y una Misericordia, para un pueblo que cree.[463]

El término "muslim", deriva del verbo "aslama", y caracteriza al que se somete perfectamente a Dios, al que se abandona a Dios en toda cosa; al que se adhiere abiertamente al Islam recitando la profesión de fe, el testimonio (Shahâda): "No hay más Dios que Allah y Mahoma es el Profeta de Allah".[464]

En la comunidad musulmana todo debe unificarse en Dios, el Único: la vida cultural, política, jurídica, religiosa y espiritual.

Dios es la referencia principal del pensamiento musulmán tanto teológicamente como jurídica y políticamente.[465]

Como ha escrito Shaykh ud-Dîn Shabistarî en su Gulshan-i-râz: "No veas más que Uno, no digas más que Uno, no conozcas más que Uno. En esto se resumen las raíces y las ramas de la fe".

La integración del hombre significa la realización del Uno y la transmutación de lo múltiple en la luz del Uno. Lograr plenamente esta fe es el corazón y la base del Islam. Quien ha llegado a esta integración interior sacrificando su alma a Dios, hace, también, el mayor servicio al Islam.[466]

La doctrina cardinal islámica de la unidad (al-tawhîd), remarca esta necesidad de integración. Dios es el Uno, y así el hombre, creado "a su imagen" debe integrarse y unificarse. El fin de la vida religiosa y espiritual, debe ser la integración completa y total del hombre en toda su profundidad y toda su amplitud. El hombre moderno sufre una compartimentalización excesiva en su ciencia, en su educación y también en su vida social. Bajo

---

462. Cor. VII,180.
463. Cor. VII, 52.
464. Massson, D.: *Monothéisme coranique et monothéisme biblique.* Pg. 453.
465. Boisard, M.A.: *L'humanisme de l'Islam.* Pg. 39.
466. Seyyed Hossein Nasr: *Essais sur le soufisme.* Pg. 67-8.

la presión de la tecnología, los lazos sociales e incluso la persona, tienen tendencia a desintegrarse. El ideal islámico de unidad se opone directamente a esta multiplicidad y a esta división; invierte, en el hombre, las tendencias centrífugas que le predisponen continuamente a disipar más y más su alma y su energía hacia la periferia y reconduce su espíritu hacia el centro.[467]

En el Cristianismo

En la tradición cristiana, la vida cultural, social, política y jurídica es autónoma de la tradición religiosa. El cristianismo se mueve en la dualidad: la sociedad profana y la sociedad religiosa.

Aunque el mundo del poder, de la política y, por tanto, de lo social y cultural, tiene unas fuentes, unas bases, una justificación y una dinámica autónoma, todo eso lo reconoce como válido la comunidad religiosa, atribuyéndole un origen divino, así por ejemplo dicen los textos, toda autoridad proviene de Dios.

Todos debéis estar sometidos a las autoridades superiores, que no hay autoridad sino por Dios, y las que hay, por Dios han sido ordenadas, de suerte que quien resiste a la autoridad, resiste a la disposición de Dios, y los que la resisten se atraen sobre sí la condenación.[468]

Por amor del Señor, estad sujetos a toda autoridad humana: ya al emperador, como soberano; ya a los gobernadores, como delegados suyos, para castigo de los malhechores y elogio de los buenos...Honrad a todos, amad la fraternidad, temed a Dios y honrad al emperador.[469]

Hijos, obedeced a vuestros padres en todo, que esto es grato al Señor. Padres, no provoquéis a ira a vuestros hijos, porque no se hagan pusilánimes. Siervos obedeced en todo a vuestros amos según la carne, no sirviendo al ojo, como quien busca agradar a los hombres, sino con sencillez de corazón, por temor

---

467. Seyyed Hossein Nasr: *Essais sur le soufisme.* Pg. 67-8.
468. Rom. 13, 1-3.
469. 1Pe 2,13-17.

del Señor. Todo lo que hagáis, hacedlo de corazón, como obedeciendo al Señor y no a los hombres, teniendo en cuenta que del Señor recibiréis por recompensa la herencia.[470]

Los siervos estén con todo temor sujetos a sus amos, no sólo a los bondadosos y humanos, sino también a los rigurosos.[471]

Aunque se acepta la sociedad tal como funciona, -¿podría hacerse otra cosa supuesta la solidez cultural, legal y política del Imperio?-, se afirma que Dios está por encima de todo.

Es preciso obedecer a Dios antes que a los hombres.[472]

Aunque el poder y el dominio sea legítimo, no es así como debe proceder la comunidad religiosa. La persona religiosa, en cuanto tal, sólo ha de pensar en el servicio, no en el dominio.

El les dijo: Los reyes de las naciones imperan sobre ellas y los que ejercen la autoridad sobre las mismas son llamados bienhechores; pero no así vosotros, sino que el mayor entre vosotros será como el menor, y el que manda como el que sirve. Porque ¿quién es mayor el que está sentado a la mesa o el que sirve? ¿No es el que está sentado? Pues yo estoy en medio de vosotros como quien sirve.[473]

Ya sabéis cómo los que en las naciones son príncipes las dominan con imperio, y sus grandes ejercen poder sobre ellas. No ha de ser así entre vosotros; antes, si alguno de vosotros quiere ser grande, sea vuestro servidor; y el que de vosotros quiera ser el primero, sea siervo de todos, pues tampoco el Hijo del hombre ha venido a ser servido, sino a servir y dar su vida para la redención de muchos.[474]

---

470. Col. 3, 20-24.
471. 1Pe 2, 18.
472. Act 5, 29.
473. Lc. 22, 25-27.
474. Mc 10, 42-45.

Jesús formula "la gran novedad" en el ámbito religioso semítico: la clara separación de lo profano y lo sagrado. Lo político y, por tanto, lo jurídico, lo social y cultural, deben tener su propia autonomía; lo mismo hay que decir de lo religioso.

Esta fue una innovación de Jesús. Seguramente era, también, la única posibilidad real de extender el mensaje cristiano en los ámbitos helenistas del Imperio. Jesús, además de un gran Maestro religioso, fue un estratega realista.

¿Es lícito pagar tributo al César o no? Jesús, conociendo su malicia, dijo: ¿Por qué me tentáis, hipócritas? Mostradme la moneda del tributo. Ellos le presentaron un denario. El les preguntó: ¿De quién es esa imagen y esa inscripción? Le contestaron: Del César. Díjoles entonces: pues dad al César lo que es del César y a Dios lo que es de Dios.[475]

También Jesús acepta la legitimidad del poder del César: no tendría el poder si Dios no se lo otorgara.

Díjole entonces Pilato: ¿A mí no me respondes? ¿No sabes que tengo poder para soltarte y poder para crucificarte? Respondióle Jesús: No tendrías ningún poder sobre mí si no te hubiera sido dado de lo alto...[476]

Jesús no pretende tener una incidencia directa e inmediata sobre las cuestiones políticas y sociales; él apunta a otra dimensión de la vida humana.

Mi reino no es de este mundo; si de este mundo fuera mi reino, mis ministros habrían luchado para que no fuese entregado a los judíos; pero mi reino no es de aquí.[477]

---

475. Mt 22, 17-21.
476. Jn 19 10-12.
477. Jn 18, 36.

La actitud que Jesús proclama con respecto a la sociedad, tanto la sagrada como la profana, es el servicio.

¿Entendéis lo que he hecho con vosotros? Vosotros me llamáis Maestro y Señor, y decís bien, porque de verdad lo soy. Si yo, pues, os he lavado los pies, siendo vuestro Señor y Maestro, también habéis de lavaros vosotros los pies unos a otros. Porque yo os he dado el ejemplo, para que vosotros hagáis también como yo he hecho. En verdad, en verdad os digo: No es el siervo mayor que su señor, ni el enviado mayor que quien le envía. Si esto aprendéis, seréis dichosos si lo practicáis.[478]

Las afirmaciones de Bonhoeffer en la sociedad industrial dinámica, no hacen más que llevar a su término la lógica de la tradición cristiana con respecto a la diferenciación de la sociedad profana y la sagrada.

Dios no nos es necesario como hipótesis de trabajo, ni en el ámbito de la moral, ni en el de la política ni en el de la ciencia. Ni siquiera necesitamos de ese Dios en el ámbito de la religión o de la filosofía. En nombre de la honestidad intelectual tendríamos que alejar de nosotros ese Dios. Llegados a este punto, algunas almas se inquietan preguntándose qué espacio estamos dejando a Dios. Y como no encuentran respuesta condenan todo el proceso que nos ha conducido hasta aquí, y lo que hacen, cuando pueden, es dar un salto mortal de retorno a la Edad Media. Esta es una salida que no tiene solución y que nada más puede hacerse sacrificando la sinceridad intelectual. Nos estamos aproximando a nuestra mayoría de edad y es desde ahí que hemos de poder entender a Dios. Y Dios nos está enseñando que hemos de aprender a vivir como hombres que no le utilizan como tapadera para resolver sus problemas. El Dios que nos hace vivir en este mundo sin dejar que le utilicemos como hipótesis de trabajo es el Dios presente en todo. Delante de Él, con Él a toda hora, vivimos sin Dios.[479]

---

478. Jn 13, 13-17.
479. Bonhoeffer, Dietrich: *Letters & Papers from prison*. Pg.122.

En general

Quien quiera hacer el camino interior sólo puede servir a los demás. Desde esta perspectiva, el poder sólo es legítimo si es servicio.

Cuando el rey habló así, oh brahmán, el brahmán que era su capellán dijo esto al rey Mahâvijita: Señor, el territorio del rey está infestado de bandoleros, oprimido por ellos; existen saqueadores de aldeas, existen saqueadores de pueblos, existen saqueadores de ciudades, existen bandidos de caminos. Si el señor rey aumentara los tributos en un territorio así infestado de bandoleros, oprimido por ellos, el señor rey con esto estaría haciendo algo que no debe hacer. Pero el señor rey podría pensar así: Yo aboliré esta plaga de ladrones con ejecuciones, con la cárcel, con confiscaciones, con escarmientos, con destierros; pero así no se suprime completamente a esta plaga de ladrones. Los que sobrevivan a la destrucción, después arrasarán el territorio del señor rey. Pero con las siguientes medidas se suprime completamente a esta plaga de ladrones: Que el señor rey les dé semillas y forraje a aquellos que en el territorio del señor rey son hábiles para la agricultura y crianza del ganado; que el señor rey pague un salario a aquellos que en el territorio del señor rey son hábiles para el servicio del rey. Y estos hombres dedicados cada uno a sus propias actividades no arrasarán el territorio del señor rey, las rentas del rey se incrementarán y el territorio se tornará pacífico, libre de bandoleros, no oprimido por ellos. Los hombres regocijándose en la alegría, haciendo jugar a sus hijos en sus brazos, vivirán seguramente con las puertas abiertas.[480]

De nada vale el sacrificio si no es servicio.

No existe el sacrificio; sólo existe la oportunidad de servir.[481]

Allah -¡glorificado y magnificado sea!- ha dicho: "Aquellos que testifiquen un amor mutuo en el seno de Mi Majestad, tendrán tronos de luz que les envidiarán los profetas y los mártires".[482]

---

480. Digha Nikaya. 340.
481. Homphreys, Ch.: *Concentración y meditacion.* Pg. 149.
482. Hadîth 33, En: Ibn Arabi: *La niche des lumières.* Pg. 64.

El servicio ha de ser inteligente y libre.

Ten cuidado de no distraer de Dios a tu espíritu satisfaciendo los deseos de quienes están absortos por las vanidades. Si encuentras a alguno cuyo espíritu es más noble que el tuyo, puedes, con buen derecho, distraer tu propio espíritu para dar paz al suyo. Si no, no te preocupes, porque Dios basta a sus servidores.[483]

El servicio no tiene medida porque procede de un amor sin medida y de una libertad sin medida.

Para realizar la libertad del corazón, que es vaciedad, se va al bosque, bajo un árbol o a un lugar desierto y se toma conciencia que esto es vacío de sí, de lo suyo. Pero se trata siempre de una misma libertad sin medida. Como la medida se debe a la atracción, a la aversión y a la confusión, la inquebrantable libertad del corazón debe estar vacía de atracción, aversión y confusión, estos tres siendo la causa de los signos distintivos.

¿Cómo alcanzar la libertad del corazón sin medida? Por el amor infinito de un corazón liberado de influjos impuros según la práctica de las cuatro infinitudes brahmánicas: un monje permanece haciendo irradiar su corazón lleno de benevolencia en una dirección del espacio, y también en una segunda, una tercera..., por todas partes en su totalidad, en todas las regiones del universo, permanece haciendo irradiar su corazón lleno de benevolencia, extendido, profundo, más allá de toda medida, sin enemistad ni hostilidad. Hace igualmente irradiar su corazón lleno de compasión, de gozosa simpatía, de ecuanimidad.

Tal es la libertad del corazón sin medida.[484]

Sin libertad completa no puede haber verdadero servicio.

La libertad está por todos los sitios: kanjizai.[485]

Donde está el espíritu de Dios, allí está la libertad.[486]

---

483. Hujwirî: *Somme spirituelle*. Pg. 393.
484. Silburn, Lilian: *Le Bouddhisme*. Pg. 65-66.
485. Deshimaru, T.: *El canto del inmediato satori*. Pg. 226.
486. Lossky, Vladimir: *Teología mística de la Iglesia de Oriente*. Pg. 181.

La libertad no es sólo libertad de sí mismo, sino también con respecto a aquellos a quienes se sirve.

La humildad de los hombres de aquí abajo con respecto a este mundo es un pecado. No hay que prosternarse delante de otro que Dios. Y si uno se prosterna delante otro que no sea Dios, se es un descreído y un asociador.[487]

Para las personas religiosas el mundo no es un refugio, debe de ser sólo, con la ayuda de Dios, un bastón para el camino interior.

Los santos han venido del mundo de las luces a este mundo engañoso, a fin de salvar a los hombres de un fuego sin piedad. Moisés tomó la serpiente por bastón, la cual fue su apoyo y su sostén; sin embargo, era un enemigo que le habría devorado, si no fuera por el favor y la gracia de Dios. Bajo la orden de Dios, la serpiente se convierte en sus manos en un bastón. Igualmente, las criaturas -infieles o musulmanes- consideran este mundo como su propia fortaleza, como su morada, como su propio refugio, como su amigo leal y su socorro. Pero cuando el velo de la ignorancia es retirado, perciben el infierno, y tienen la certeza de que este mundo, que les parecía un Paraíso, es en realidad el infierno, y que esta doncella engañosa es una vieja bruja infernal. Ven entonces su fealdad y viven con ella evitándola como extranjeros. No tienen más que la gracia y el favor de Dios como refugio. Están contentos de satisfacerse en la voluntad de Dios y se someten al ayuno por Dios, por miedo de que la saciedad y la abundancia dé fuerzas al alma carnal vil y que prevalezca sobre la inteligencia obediente y que les haga faltar a la sumisión, a la perseverancia, al servicio, a la humildad y a la sobriedad.[488]

Toda la cuestión de la relación del camino interior y el mundo de lo político y social es sólo cosa de discernimiento y de obras.

En el hombre existen dos caracteres: el celeste y el terrestre. El carácter que prevalece permite su cualificación: si, en el dinero prevalece el cobre, no se le llama plata sino cobre y se dice que el dinero es falso. Quien no se convierte

---

487. Valad, Sultân: *Maître et disciple.* Pg. 109.
488. Valad, Sultân: *Maître et disciple.* Pg. 129.

en ángel, de forma que se le llame celeste, se dice de él que es un animal de carga y es explotado por otros.

"He aquí los que son semejantes a bestias, o más descarriados todavía".

"Son indecisos; no siguen ni un camino, ni el otro".

Se cuenta que un lobo copuló con una gacela; de ellos nació una cría. A un jurisconsulto se le puso la siguiente cuestión: "¿Hay que llamar al pequeño, lobo o gacela?" Si le llamamos lobo, su carne es impura, y su consumición es ilícita. Y si le consideramos gacela, su carne es lícita. Oscilamos entre los dos nombres, "lobo" y "gacela". ¿Cómo tenemos que llamarle? El jurisconsulto prudente dio la decisión jurídica siguiente: "No se trata de un juicio simple, sino complejo. Poned un manojo de hierbas perfumadas y un hueso sucio delante de ese pequeño. Si se vuelve al hueso, es un lobo y su carne es ilícita. Si se vuelve a la hierba, es una gacela y su carne es lícita".

Igualmente, Dios el Altísimo ha unido el otro mundo con este mundo, el cielo con la tierra. Nosotros somos los hijos de uno y de otro. Si nos inclinamos a la ciencia y a la sabiduría, somos puros y celestes. Y si nos inclinamos al sueño, la comida, el bienestar, los vestidos, la ferocidad, la opresión, la corrupción, nuestra mansión es el fondo del abismo y no la cumbre de las alturas.

"Si conoces esta sutilidad y este misterio, comprenderás: tú eres eso que buscas. Ponte a danzar, oh parcela de metal puro, si tú provienes de la mina: sabe que tú eres el objeto mismo de la búsqueda."
¡Y Dios es el más sabio! [489]

Si uno discierne con claridad y sólo busca a Dios, ni siquiera el fragor y la pasión de una batalla es obstáculo.

No pecarás si te arrojas a la batalla habiendo logrado que la desgracia y la felicidad, la victoria y la derrota, el fracaso y el éxito te sean iguales.[490]

Tú debes perseguir la acción, pero sólo a ella, no a sus frutos; que estos no sean tu acicate; mas, por el contrario, no te entregues a la inacción.

---

489. Valad, Sultân: *Maître et disciple.* Pg. 131-2.
490. *Bhagavad-Gita*: II,38.

Cuando hayas alcanzado el yoga, realizarás tus acciones sin interés, impertérrito ante el fracaso o el éxito, pues esta tranquilidad de ánimo es lo que produce el yoga.[491]

Para quien sabe qué busca, no es mejor el retiro de una ermita que el poder de un reino.

La reina, como gurú, le propuso volver a su reino, puesto que, a los ojos de un verdadero yogui, una selva y un reino son equivalentes.[492]

Cuando se busca convenientemente, el mundo no es obstáculo sino el lugar de la revelación.

Los santos y los creyentes, bajo estos velos del mundo, ven a Dios actuando, y a ningún otro que a Él. "No he visto nada sin ver a Dios" Es decir: En todas las cosas que veo, veo a Dios. Si Él estuviera sin velos, ¿cómo podría decirse "en todas las cosas"? Cuando hablo de "una cosa", en verdad veo a Dios en el velo y en el velo de los medios y del mundo veo a Dios actuando, y considero todo esto, comparándolo al poder de Dios, como un instrumento inútil y no veo y no conozco más que a Dios actuando. He llegado al punto que, si se retirara el velo, mi fe en Dios no aumentaría. "Si se aparta el velo, mi certeza no aumentará". Los hombres no pierden a Dios por causa del velo de este mundo. Ven y conocen todas las cosas como viniendo de Dios. El conocimiento llega a un punto en el que dicen: "Si se retira la cubierta de los medios y el velo de este mundo de delante de mis ojos, y la resurrección aparece, nuestra certeza no aumentará. Le hemos conocido y comprendido en el velo, de la misma manera que sin el velo. Nuestro conocimiento es el mismo, aunque esté velado, y no crecerá el día de la Resurrección, que es el día de la visión de Dios."
"Ve nuestra belleza en este secreto escondido,
si tienes ojos para ver, la hemos manifestado.
Si no tienes ojos, sábete bien esto:
hemos puesto la joya delante del ciego."[493]

491. *Bhagavad-Gita:* II,47,48.
492. Valmiki: *Historia de la reina Chudala.* Pg. 129.
493. Valad, Sultân: *Maître et disciple.* Pg. 107-8.

9. EL NUEVO CONTEXTO ECUMÉNICO DEL PROCESO RELIGIOSO

Las tradiciones religiosas utilizan las palabras para conducir al silencio. Utilizan formas para guiar a la completa libertad de toda forma.

Las tradiciones religiosas no pueden someter a ninguna forma, ni siguiera a las sacrosantas que ellas utilizan. Las tradiciones religiosas deben liberar a sus fieles incluso de ellas mismas.

Desde esta perspectiva de la función de las tradiciones religiosas, se comprende que quien cree en una religión de forma que deje de creer en las otras, no ha entendido ni siquiera de qué está hablando su propia religión.

Quien cree exclusivamente en su propia religión, ofende gravemente a las otras religiones y atenta contra la propia religión. Es incluso peor el atentado que hace contra la propia tradición que la ofensa que hace con su exclusivismo a las otras tradiciones. Quien sólo cree en su tradición excluyendo las otras, falsea de raíz su propia fe.

Quien se somete exclusivamente a las creencias de su religión, de tal forma que ni le interese ni quiera ni pueda creer en las otras religiones, en realidad, no se somete más que a sí mismo; no se somete más que a su necesidad de certeza clara, delimitada y controlable; se somete a su necesidad de seguridad y a su necesidad de sentirse "poseedor" de la verdad.

Quien excluye las creencias de cualquier religión que no sea la propia, enturbia su visión y dificulta su camino a la verdad.

Quien cree tener a la verdad encerrada en fórmulas, en esa jaula no se encontrará más que a sí mismo.

Quien siente desagrado por otras tradiciones que la propia, sólo se ama a sí mismo.

Quien, en cuestiones religiosas, discute sobre formas y creencias, no sabe lo que es el maravillamiento, ni lo que es el temblor de corazón que la verdad provoca con su total desnudez.

Quien gustó el vino, lo bebe de cualquier copa. Quien rechaza una copa porque es así o asá, su lengua todavía no conoce el sabor del vino.

Las religiones, todas, son sólo humildes vasijas de barro construidas por manos humanas. Ninguna vasija puede encerrar la inmensidad del poder de Dios, libre de toda forma hecha por manos humanas. No existen vasijas religiosas que no estén hechas por manos humanas.

Quien, por amor a la propia y venerable vasija, hace lo posible por destruir, quebrar o ensuciar las vasijas de los demás, se hace enemigo de todos los que, con temblor, recogen el sagrado vino en humildes jarros.

Quien ataca las tradiciones de los demás o, incluso, no hace todo lo posible para que todas las tradiciones crezcan y vivan, es un enemigo de la especie humana que se esfuerza, quizás sin saberlo, por hundir incluso la propia tradición.

Quien queda atrapado por la propia religión sin poder trascender sus propias creencias, no ha sabido salir del interior de la propia jaula. Aferrándose a sus creencias, piensa alimentarse con manjares bajados exclusivamente del cielo, pero, en realidad, su sumisión y su exclusivismo transforman todos sus alimentos en terrenales y viles. Todas las creencias, formas, fórmulas y narraciones de las religiones existen, exclusivamente, para llevar más allá de ellas mismas. Hablan para que aprendamos a silenciarnos y silenciarlas.

Las religiones son como señales en los caminos. Según dónde estén los que quieren caminar, las instrucciones son unas u otras, las señales apuntan en una dirección u en otra. Pero, en cualquier caso, si las señales cumplen con su función, deberán dejarse atrás.

Hay tantos caminos como puntos de partida; y cada ser humano es un punto de partida diferente.

Las religiones son invitaciones a hacer el camino y guías para hacerlo. Por tanto, han de hablar desde esta orilla de acá, con el lenguaje de esta orilla; pero, desde aquí, hablan para apuntar hacia la otra orilla, para invitar a dejar este lado de acá y todo lo que le pertenece y cruzar el río para pasar al lado de allá.

Por eso dicen los maestros que las religiones reflejan el punto de vista del que busca.

Dios, que es el que invita a la búsqueda, "se acerca desde donde están los pensamientos, las imágenes y los sentimientos de sus siervos"; pero lo hace para empujarnos a purificar y sutilizar nuestra mente y nuestra carne, de tal forma que nos sea posible liberarnos de todo lo que es nuestro, de todo lo que no es El.

Poner unas tradiciones religiosas por encima de otras, o unos maestros de las tradiciones por encima de otros, no ayuda al camino.

Poner unas tradiciones por encima de otras y unos maestros por encima de otros, nace del temor a la desnudez, al vacío y a la libertad de las formas.

Quien, para poder seguir una tradición o a un maestro, tiene que desvalorizar y negar a los otros, o por lo menos, rebajarlos y considerarlos inferiores al propio, lo que pretende con ello, en realidad, es no perder pie en las formas para poder "manejar" la Verdad, poder "tener" a la Verdad y, desde ahí, poder "continuar teniéndose a sí mismo".

Cuando se acepta que poner unas tradiciones religiosas por encima de otras o poner unos maestros por encima de otros es un obstáculo serio e, incluso, definitivo en el camino, se tiene que reconocer:

- que no es necesario creer nada;

- que es necesario dejar todas las formas atrás;

- que hay que atreverse a entrar en la sutilidad completa;

- que hay que entrar en la verdad sin poderla poseer con fórmulas.

Cuando se hace completamente evidente que la verdad no se puede poseer en fórmulas, ni en creencias exclusivas, ni siquiera en maestros exclusivos, entonces, la verdad se precipita en la más completa desnudez y vacío; entonces, la verdad se hace sutilidad, espíritu, inmensidad inasible.

Cuando eso ocurre, el yo y todas sus seguridades, es absorbido por esa singular pobreza y vacío como arrastrado por un agujero negro. Cuando llega la pobreza completa y el vacío, el yo desaparece en él.

Cuando afirmamos a una tradición por encima de las otras, o a un maestro por encima de los otros, más que hacer el camino hacia el Espíritu de Dios, estamos poniendo vallas para que el Espíritu no nos inunde con su sutilidad y su pobreza; nos agarramos a formas, a sacrosantas y nobles formas, o a divinos maestros, para impedir que las estructuras y fronteras de nuestro yo y todo lo que hace su consistencia sea chupada por el vacío inmenso de la presencia divina.

Es sumamente importante reafirmar la conclusión: poner unas tradiciones religiosas por encima de otras y a unos maestros por encima de otros no sólo no es una ayuda en el camino, sino que es un obstáculo claro.

Quien sabiendo que todas las vasijas contienen el vino sagrado, no ansía beberlo en todos los vasos, no ama el vino y, seguramente, ni tan siquiera lo probó.

Si cada tradición religiosa hace patente unos rasgos del rostro de Dios, no es un amante quien no ansíe verle de todas las maneras posibles.

Cada gran maestro y cada escuela religiosa es como un mensajero del otro mundo que explica historias y anécdotas del Amado. ¿Cómo no querer escucharlas todas? Si uno se abriera a unas noticias y se cerrara a otras, significaría que no es al Amado a quien se busca.

Sin embargo, abandonar a todos los mensajeros y dejar atrás todas las formas es una necesidad del camino.

Sólo en la pobreza absoluta de formas, sólo en la total libertad de formas, que equivale al completo vacío de formas, está El.

Cuando se llega a esa libertad, ese vacío y esa pobreza, ya no puede haber ni Dios, ni religión, ni fe.

Cuando a nuestro espíritu ya no le quedan ni religiones, ni templos, ni creencias; cuando ya se reside en la total pobreza que es la libertad de toda forma, entonces, llega la completa proximidad.

Cuando se comprende que la verdad es libre de toda forma y cuando se puede vivir en paz en esa total pobreza, entonces, se ve a Dios en todo lo que existe. Entonces, todo lo que existe y todo lo que respira Le dice; entonces, las grandes tradiciones son como inmensos poemas que le cantan y los maestros como enormes desgarros en el velo.

TEXTOS

Las palabras de los grandes maestros y de las grandes tradiciones religiosas se dijeron para conducir a la libertad completa, no para someter a fórmulas.

Atarse a un punto de vista despreciando y considerando los otros puntos de vista como inferiores, a esto los sabios le llaman apego.[494]

Oh bhikkhus, incluso este punto de vista (el budista) que es tan puro y tan claro, si os ligáis a él, si lo acariciáis en vuestro interior, si lo guardáis como un tesoro, si estáis ligado a él, entonces, no comprendéis que la enseñanza es semejante a una balsa que está hecha para atravesar las aguas, no para ligarse a ella.[495]

Quien hace de su religión una creencia exclusiva, todavía no ha entendido nada, ni de su propia religión.

Quien queda fijado por una adoración particular ignora necesariamente la verdad intrínseca de otras creencias, porque su creencia exclusiva en Dios implica una negación de otras formas de creencia. Si conociera el sentido de la palabra de Junayd: "El color del agua, es el color de su recipiente", admitiría la validez de toda creencia, y reconocería a Dios en toda forma y en todo objeto de fe. No tiene el conocimiento de Dios, sino que se funda únicamente en la opinión de la que habla la palabra divina: "Me conformo a la opinión que mi servidor se hace de Mí", lo que quiere decir: Yo no me manifiesto a mi adorador más que bajo la forma de su creencia; que generalice, si quiere, o que determine. La divinidad conforme a la creencia es la que puede ser definida, y es ella, el Dios que el corazón puede contener (según la palabra divina: "Ni mis cielos, ni mi tierra me pueden contener, pero el corazón de mi servidor fiel me contiene"). Porque la divinidad absoluta no puede ser contenida por ninguna cosa, puesto que ella es la esencia misma de las cosas y su propia esencia.[496]

494. Samyutta-nikâya, 789.
495. Rahula, Walpola: *L'enseignement du Bouddha.* Pg. 31.
496. Ibn Arabî, En: Vitray-Meyerovitch, Eva de: *Anthologie du soufisme.* Pg. 265.

Quien hace de su fe algo exclusivo, es injusto con las otras tradiciones religiosas y, también, con su propia tradición.

Si él es justo, yo no soy justo.
Si yo soy justo, él no es justo.[497]

Quien se aferra a su propia creencia de forma que no pueda creer a las otras religiones, no se aferra a nada más que a sí mismo.

No te apegues exclusivamente a ninguna religión, de manera que dejes de creer en las otras; perderás no poco bien; más aún, no acertarás a reconocer la verdadera verdad.

Dios el omnipresente y el omnipotente, no está encerrado en ningún credo ni religión porque dice (Corán, 2,119),"dondequiera que os volváis, allí está la cara de Dios".

Cada cual reza lo que cree; su Dios es la hechura de sí mismo, y al rezar, se ora a sí mismo. Por eso anatematiza las creencias de los demás, lo que no haría si fuese justo, porque el desagrado hacia la religión ajena se basa en la ignorancia.[498]

Los que aman sus sectas más que la verdad, terminan por amarse a sí mismos más que sus sectas.[499]

Quien atinó a beber el vino que contienen las copas, ¿para qué discutiría sobre las copas? Sólo se ocupan de las copas los que no conocen cómo sabe y embriaga el vino.

Discuten sobre los dogmas, los semirreligiosos e irreligiosos, pero no los realmente religiosos. Este concepto lo expresan las palabras sarcásticas de Swift: "Tenemos suficiente religión para odiarnos los unos a los otros, pero no suficiente para amarnos los unos a los otros". Cuanto más auténtica se haga nuestra religión, mas tolerante seremos hacia la diversidad.[500]

---

497. Deshimaru, T.: *La práctica de la concentración*. Pg. 186.
498. Ibn Arabî, En: Nicholson, R.A.: *Los místicos del Islam*. Pg. 99-100.
499. Radhakrishnan: *La concepción hindú de la vida*. Pg. 61.
500. Radhakrishnan: *La concepción hindú de la vida*. Pg. 72-73.

Nadie posee a la Verdad, por eso la Verdad no admite etiquetas. La Verdad es inmensamente grande, poderosa y libre para ser poseída.

La Verdad no tiene etiquetas: no es budista, ni cristiana, ni hindú, ni musulmana. La Verdad no es el monopolio de nadie. Las etiquetas sectarias son un obstáculo a la libre comprensión de la Verdad, e introducen en el espíritu del hombre prejuicios dañinos.[501]

La verdadera religión no se encierra en una religión, en una secta, en un sistema.[502]

Quien, por amor a su religión, no fomenta la vida y el progreso de las otras religiones, injuria gravemente a su propia tradición y se hace enemigo de todas las tradiciones, incluida la propia.

No se debe reverenciar únicamente a la propia religión y condenar a las otras religiones, sino que, por tal o cual motivo, éstas también deben ser reverenciadas. De este modo, uno contribuye al engrandecimiento de su religión, y a la vez sirve a las otras religiones. Quienquiera que reverencia a su religión y condene a las otras lo hace, ciertamente, por devoción, pensando: "Glorificaré a mi religión". Pero, obrando así, grande es la injuria que le inflige a su religión. De consiguiente, buena es la concordia: que todos escuchen y estén dispuestos a escuchar las doctrinas profesadas por otros.[503]

Quedar atrapados por una sola religión y no ser capaz de trascender la propia fe, es vivir de lo que es pura construcción humana.

Son estúpidos y pueriles
los que crean una falsa realidad
en su puño vacío
o en el extremo de su dedo.[504]

---

501. Rahula, Walpola: *L'enseignement du Bouddha*. Pg. 24.
502. Deshimaru, T.: *El canto del inmediato satori*. Pg. 182.
503. Edicto del emperador budista de la India, Asoka (s. III a.C.) En: Rahula, Walpola: *L'enseignement du Bouddha*. Pg. 23.
504. Yoka Daishi: Shodoka, En: Deshimaru, T.: *El canto del inmediato satori.*.

La verdadera religión es hacer realmente el camino interior. Entonces, hay tantos caminos como personas.

La verdadera religión difiere para cada persona, de la misma manera que difieren las caras, las personalidades; cada uno comprende de manera diferente la misma verdad.[505]

Todos estos sufís no hace más que seguir el apotegma de Mahoma, quien dijo: "Los Senderos para llegar a Dios, son tantos como las almas de los hombres".[506]

(...) dicen los sufís que hay tantos caminos individuales como hombres existen en la búsqueda de Dios. Se lee el Corán como si estuviera revelado a uno mismo, en este instante.[507]

Todas las formas de todas las religiones existen únicamente para apuntar y conducir a lo que las trasciende. Las formas, bien entendidas, son la más eficaz ayuda para liberar de toda forma.

Se cuenta que imán Muhammed Baqir relató esta fábula ilustrativa: Al descubrir que podía hablar el lenguaje de las hormigas, me acerqué a una y le pregunté: -¿Cómo es Dios? ¿Se parece a la hormiga? -La hormiga contestó: -¿Dios? ¡Por supuesto que no! Nosotras tenemos sólo un aguijón, pero Dios, ¡El tiene dos!.[508]

Las formas han de cambiar cuando la gente cambia. Le preguntaron a Anis:

- ¿Qué es el sufismo?

El dijo: Sufismo es aquello que consigue llevar al hombre al Conocimiento Superior.

- Pero si yo aplico los métodos tradicionales transmitidos por los maestros, ¿no es esto sufismo?

505. Deshimaru, T.: *El canto del inmediato satori.* Pg. 183.
506. Guraieb, J.E.: *El sufismo en el cristianismo y el Islam.* Pg. 55.
507. Vitray-Meyerovitch, Eva de: *Rumi et le soufisme.* Pg.59.
508. Shah, Idries: *Pensadores de Oriente.* Pg. 108.

- No es sufismo si no cumple sus funciones para ti. Un abrigo no sigue siendo un abrigo si no mantiene a un hombre caliente.

- Así pues, ¿el sufismo cambia?

- La gente cambia y las necesidades cambian. Así, lo que una vez fue sufismo, ya no lo es. Sufismo -continuó Anis- es el aspecto externo del conocimiento interno, conocido como Conocimiento Superior. El factor interno no cambia. El trabajo en su totalidad es, por tanto, el Conocimiento Superior, más la capacidad, lo cual produce el método. Aquello que a ti te complace llamar sufismo es simplemente la recopilación de un método pasado.[509]

La Verdad es eterna, por eso debe de estar siempre en construcción.

Lo que está construido para siempre, está siempre en construcción.[510]

Las religiones siempre hablan desde la orilla de acá, desde la orilla de la que partimos y que debe de ser abandonada si somos capaces de cruzar el río.

-¿Por qué las religiones hablan de dioses, de paraíso y de infierno, etc.?

-Simplemente para hacer comprender a las gentes que están en el mismo plano que en el mundo, y que sólo el Sí es real. Las religiones reflejan el punto de vista del que busca.[511]

Los dioses son creados por el hombre, y esto los hindúes lo han reconciliado bellamente con la idea de la gracia en la plegaria: "Tú que tomas las formas imaginadas por tus adoradores".[512]

En cualquier manifestación mía que un hombre devoto me adore, logrará que su fe sea firme y no sucumba.[513]

---

509. Shah, Idries: *Pensadores de Oriente.* Pg. 183.
510. Radhakrishnan: *La concepción hindú de la vida.* Pg. 23.
511. Ramana Maharshi: *L'enseignement.* Pg. 119.
512. Coomaraswamy, A.D.: *Buddha y el evangelio del budismo.* pg. 178.
513. *Bhagavad-Gita,* VII,21.

Jesús (la paz sea con él) reía mucho. Por el contrario Juan Bautista (la paz sea con él) lloraba mucho. Juan Bautista preguntó a Jesús: ¿Estás asegurado contra las astucias poderosas y sutiles del demonio que ríes así? Jesús respondió: ¿Olvidaste tú las gracias y beneficios sutiles, agradables, extraordinarios y poderosos de Dios, que lloras así? Un santo (Wali) de entre los santos de Dios estaba presente, y entonces preguntó a Dios: ¿Cuál de los dos es superior? Dios dijo: Aquél que tiene mejor opinión de Mí - es decir: Yo estoy allí donde se encuentran los pensamientos de mi servidor. Cada criatura tiene una imagen de Mí, y es allí donde Yo me encuentro. Purificad, oh mis criaturas, vuestra imaginación, que es mi morada y mi residencia.[514]

Los puntos desde los que parten los seres humanos que emprenden el camino hacia Dios son muy diversos, por eso hay tantas religiones diferentes. El término del camino es para todos el mismo.

Hay muchos caminos de búsqueda, pero la búsqueda es siempre la misma. ¿No ves que los caminos que conducen a la Meca son diversos, viniendo uno de Bizancio, otro de Siria, otros pasan por la tierra o por el mar? Por consiguiente, la distancia a recorrer en los caminos es diferente en cada caso; pero cuando se llega, las controversias, las discusiones, los puntos de vista divergentes desaparecen porque los corazones se unen... Ese movimiento del corazón no es ni la fe, ni la infidelidad, sino el amor.[515]

Los literalistas toman la Santa Mezquita por la Kaaba hacia la cual hay que dirigirse. Pero los enamorados y los elegidos de Dios saben que la Santa Mezquita significa la unión con Dios.[516]

Poner unas tradiciones religiosas por encima de otras, no sirve para caminar, al contrario, ancla en el yo al que cae en esa tentación.

Di: Creemos en Dios;

---

514. Rumi, Djalal-od-din: *Fihi-ma-fihi*. Pg. 70-71.
515. Rumî. En: Vitray-Meyerovitch; *Anthologie du soufisme*. Pg. 265.
516. Rumî, En: Seyyed Hossein Nasr: *Essais sur le soufisme*. Pg. 214.

en lo que nos ha revelado;

en lo que ha sido revelado a Abraham, a Ismael, a Jacob y a las tribus;

en lo que se dio a Moisés, a Jesús, a los profetas, de parte de su Señor.

No tenemos preferencias por ninguno de entre ellos; estamos sometidos a Dios.[517]

Los incrédulos de Roum afirman: "Nosotros damos nuestras hijas a los tártaros a fin de que las religiones se unifiquen, y para que esta nueva religión, que es el Islam desaparezca". Pero ¿cuándo hubo una única religión? Siempre existieron dos o tres y hubo guerras y querellas entre ellas. ¿Cómo unificar las religiones? Ellas se unificarán el Día del Juicio, pero aquí abajo es imposible, ya que cada una tiene un objetivo y deseos diferentes. Es imposible tener aquí una religión única, salvo en el Día del Juicio, en que todas se volverán una y se dirigirán en una misma dirección, adquiriendo la misma lengua y el mismo oído. En el hombre existen cien mil animales diferentes, en él conviven el ratón y el pájaro: el pájaro hace su nido en lo alto, el ratón en lo bajo. Sólo cuando ellos alcancen el lugar en que el ratón abandona su naturaleza de ratón y el pájaro abandona la de pájaro, donde todos se vuelven uno, el fin buscado dejará de ser alto o bajo. Cuando se encuentra lo que se ha buscado, ya no hay arriba ni abajo. ¿Alguien perdió algo? Entonces lo busca a su izquierda y a su derecha, por delante y por detrás; pero, cuando lo ha encontrado, ya no busca más, ni en lo alto ni en lo bajo, ni por la izquierda ni por la derecha, ni adelante ni atrás. Se unifica. En el Día del Juicio pues, todos tendrán la misma visión, la misma lengua, el mismo oído, la misma inteligencia. Así, por ejemplo, si diez personas se asocian para cultivar un jardín o trabajar un negocio, sus palabras serán una, también sus ocupaciones, porque uno es el fin que se persigue. En el Día del Juicio, todos los que buscan a Dios se volverán uno.[518]

Si el rostro de Dios se muestra en todas las tradiciones religiosas y en todos los grandes sabios, ¿cómo no correr apasionadamente para verle en todos los lugares en que se muestra?

517. *Corán*: II, 136; III, 84.

518. Rumi, Djalal-od-din: *Fihi-ma-fihi*. Pg. 43.

Estudia las enseñanzas de los Grandes Sabios de todas las sectas, imparcialmente.[519]

Las religiones pueden ser estudiadas como fenómenos históricos o como sistemas dogmáticos en teología; se puede, incluso, simplemente tolerarlas por razones humanitarias. Tolerar a otra religión significa que se la cree falsa, pero que se acepta su presencia, lo mismo que se tolera el sufrimiento cuando no se puede escapar a él. Para comprender en profundidad otra religión ortodoxa, no basta con analizar sus manifestaciones históricas o incluso sus formulaciones teológicas y tolerarlas. Es preciso, más bien, llegar, aunque no sea más que por una anticipación intelectual, a las verdades interiores de donde brotan todas las manifestaciones exteriores de una tradición, es decir, es preciso pasar del fenómeno de una religión a su número, de las formas a la esencia donde reside la verdad de todas las religiones y desde donde únicamente es posible comprender y aceptar verdaderamente una religión dada.[520]

¿Cómo le sería posible a un amante ignorar a los grandes sabios que hablan del camino al Amado?

El aspirante debe cumplir dos condiciones
y reflexionar sobre ellas.
Primero ha de confesarse: "Estoy equivocado;
fuera de las que nombre existen otras cosas".
Luego ha de pensar: "Hay otra palabra y otras sabidurías,
mejores y superiores, que no conozco:.
Si pregunto lo sabré.[521]

Los sufís creen que lo mismo que cada ser en el Universo es una teofanía de un Nombre divino, cada religión revela un aspecto de los Nombres y Cualidades divinas. La multiplicidad de religiones es un resultado directo de la infinita riqueza del Ser divino. Al-Jîlî escribió: "No hay nada en la existencia que no adore a Dios, el Supremo, en su estado, sus palabras y sus actos, e incluso en su esencia y sus cualidades. Todo en la existencia obedece

519. Evans-Wentz, W.Y.: *Yoga tibetano y doctrinas secretas.* Pg. 99
520. Seyyed Hossein Nasr: *Essais sur le soufisme.* Pg. 47-48.
521. Rumi, Djalal-od-din: *Fihi-ma-fihi.* Pg. 101.

a Dios, el Supremo. Pero los actos de culto difieren como consecuencia de las diferencias entre las exigencias de los Nombres y Cualidades divinas." [522]

Liberarse de todas las formas es un deber y una necesidad a la que arrastra la Verdad y el Amor.

Maldición a vosotros que intentáis describirle. [523]

He renegado del culto debido a Dios y esta negación me resultó un deber, en tanto que para los musulmanes es un pecado. [524]

Cuando la visión y el amor reclaman con fuerza, uno llega a la pobreza absoluta. Entonces ya no puede tener ni Dios, ni religión, ni fe.

¡Oh escanciador! llena mi copa de la sangre de mi corazón y, si ya no hay más, dame el poso que queda. El amor es una cruel pena que devora todo. Desgarra el velo del alma, y lo vuelve a coser. Un átomo de amor es preferible a todo lo que existe entre los horizontes, y un átomo de sus penas vale más que el amor feliz de todos los amantes. El amor es la médula de los seres; pero no existe sin dolor real. Quien quiera que tenga el pie firme en el amor renuncia, a la vez, a la religión y a la incredulidad. El amor te abrirá la puerta de la pobreza espiritual y la pobreza te mostrará el camino de la incredulidad. Cuando no te quede ni incredulidad ni religión, tu cuerpo y tu alma desaparecerán, serás digno de estos misterios: es necesario, en efecto, ser así para penetrarlos. Avanza, pues, sin temor, tu pie en esta vía como los hombres espirituales y renuncia, sin vacilar, a la fe y a la infidelidad. No dudes, retira tus manos de la infancia, ten más bien hacia esto el ardor de los valientes; cien vicisitudes podrían caer inopinadamente sobre ti, y no tendrías temor a experimentarlas si ocurrieran en la vía de la que se trata. [525]

La impiedad y la fe corren las dos por el camino de Dios. [526]

---

522. Seyyed Hossein Nasr: *Essais sur le soufisme*. Pg. 211.
523. Akhbar al-Hallaj. 137.
524. Hallaj, Hocein, Mansur: *Diwan*. Y,II,27.
525. Hallaj, Hocein, Mansur: *Diwan*. Y,II,27.
526. Attar, Faid-ud-din: *El lenguaje de los pájaros*. Pg. 72.

Nuestra santa obra no se habrá concluido, hasta que yazgan en ruinas todas las mezquitas que se levantan debajo del sol

El verdadero musulmán no se manifestará hasta que sean una sola cosa la fe y la infidelidad.[527]

Cuando se ha llegado a la completa pobreza y a uno ya no le queda ni Dios, ni religión, ni fe, entonces llega la completa proximidad.

Si Dios mora en la mezquita, ¿a quién pertenece este mundo?
Si Ram está en la imagen que veneras en tu peregrinar,
¿quién puede conocer lo que sucede afuera?
Hari está en el oriente, Alá en el occidente.
Mira en tu corazón,
pues allí encontrarás tanto a Karim como a Ram;
todo hombre y mujer del mundo son Sus formas vivientes.
Kabir es hijo de Alá y de Ram,
es El mi Gurú, es El mi tesoro.[528]

¡Oh sirviente! ¿dónde me buscas?
¡Si estoy junto a ti!
No me hallarás ni en la mezquita ni en el templo;
ni en la Kaaba ni en Kailasa;
tampoco en el rito ni en la ceremonia;
ni en el Yoga ni la renunciación.
Si, en verdad, me buscas, me verás en seguida,
en seguida, sin que tiempo alguno trascurra.
Dice Kabir: "¡Oh Sadhu!. Dios es el aliento
de todo cuanto respira".[529]

---

527. Sanâ'i, En: Vitray-Meyerovitch, Eva de: *Anthologie du soufisme.* Pg. 265.
528. Abu Sa'id ibn Abi'lkhayr, En: Nicholson, R.A.: *Los místicos del Islam.* Pg. 101-102.
529. Kabir. *Cien poemas.* Pg. 25.

Aunque se conozcan todas las Escrituras y se realicen todos los cultos y adoraciones a las distintas deidades, de nada vale todo eso a menos de que se experimente identidad con el Atman a través del Conocimiento Supremo.[530]

De nada sirven todas nuestras creencias, religiones y tradiciones si no escuchamos, desde el seno de cualquier forma, el soplo sutil del Espíritu de Dios. Sólo El es la guía.

¡Sólo Dios conoce la verdadera dirección![531]

He reflexionado sobre las denominaciones confesionales, haciendo esfuerzos para comprenderlas y las considero como un Principio único con numerosas ramificaciones. No le pido a un hombre que adopte tal denominación confesional, porque eso lo apartaría del Principio fundamental y, en verdad, es ese mismo Principio el que debe ir a buscarle a El, en quien se dilucidan todas las grandezas y todos los significados. De ser así, el hombre comprenderá.[532]

Feliz aquél que va del perfume a la cosa misma, buscando la unión con ella.[533]

530. Sankara. *La joya suprema del Discernimiento*. pg. 30.
531. Attar, Fari-ud-din: *Le memorial des saints*. Pg. 281.
532. Hallaj, Hocein, Mansur: *Diwan*. M.L. 97.
533. Rumi, Djalal-ud-din: *Fihi-ma-fihi*. Pg. 82.

REFERENCIAS BIBLIOGRÁFICAS

ANCELET-HUSTACHE, Jeanne. *Maître Eckhart et la mystique rhénane*. Paris: Seuil, 1978. 192 p.

ARABI, Ibn. *Le livre de l'extinction dans la contemplation*. Paris: Eds.de l'Oeuvre, 1984. 56 p.

ASAD, Muhammad. *Le chemin de la Mecque*. Paris: Fayard, 1976. 361 p.

ASIN PALACIOS, Miguel. *El Islam cristianizado*. Madrid: Hiperion, 1981. 543 p.

ATA ALLAH, Ibn. *Traité sur le nom d'Allâh*. Paris: Les deux Oceans,1¬981. 331 p.

ATTAR, Farid-ud-Din. *El lenguaje de los pájaros*, Barcelona: Visión Libros, 1978. 3o6 p

ATTAR, Farid-ud-Din. *Le livre divin*. Paris: Albin Michel, 1961.478 p.

ATTAR, Farid-ud-Din. *Le mémorial des saints*. Paris: éds.du Seuil, 1976.313 p.

AURORA DEL ZEN. *Textos zen primitivos procedentes de Tun Huang*. Málaga. Editorial Sirio. 1988. pg.140 p.

BAYLE DE JESSÉ, Bruno. *Houa-T'eou: initiation aux bouddhismes Tch'an et T'ien-T'ai*. Paris: éds.de la Maisnie, 1985. 217 p.

BHAGAVAD GÍTA o el Canto del bienaventurado. Madrid: Aguilar, 1978. 127 p.

BLOFELD, John (comp.). *Enseñanzas zen de Huang Po*. México: Diana, 1976. 168 p.

BOISARD, Marcel A. *L'humanisme de l'Islam*. Paris: Albin Michel, 1979. 438 p.

BONHOEFFER, Dietrich. *Letters & Papers from prison*. London. Fontana Books, 190 p.

BRIANTCHANINOV, Ignace. *Les miettes du festin*. St.Vincent sur Jabron: éds. Présence, 1979, 341 p.

CASTANEDA, Carlos. *Una realidad aparte*. México:F.C.E.,1974.302 p.

CASTANEDA, Carlos. *Viaje a Ixtlán*. México: F.C.E., 1982. 368 p.

CASTANEDA, Carlos. *Las enseñanzas de Don Juan*. México: F.C.E., 1977. 301 p.

CASTANEDA, Carlos. *El don del Aguila*. Madrid: Eyras, 1982. 294 p.

CASTANEDA, Carlos. *El segundo anillo de poder*. Barcelona: Pomaire, 1979, 320p.

CASTANEDA, Carlos. *Histoires de pouvoir*. Paris: Gallimard, 1974. 279 p.

CASTANEDA, Carlos. *El fuego interno*. México: Edivisión,1984.351 p.

COOMARASWAMY, Ananda K. *Buddha y el evangelio del budismo*. Buenos Aires: Paidós, 1969. 235 p.

CORAN, EL (éd.J.Vernet). Esplugas del Llobregat: Plaza Janés, 1980. 592 p.

CORBIN, Henry. En *Islam iranien*. Paris: Gallimard, 1971-1972. 4 vols.

CORBIN, Henry. *Histoire de la philosophie islamique*. Paris: Gallimard, 1964. 383 p.

DAISHI, Yoka. Shodoka: *el Canto del inmediato* Satori. Barcelona: Visión Libros, 1981. 277 p.

DAVID-NEEL, Alexandra. *Iniciaciones e iniciados del Tibet*. Buenos Aires: La Pleyade, 1972. 225 p.

DAVY, Maire Madeleine. *Le désert intérieur*. Paris: Albin Michel, 1983. 226 p.

DERVISH, B. *Voyages aven un maitre soufi*. Paris: Flammarion, 1986. 188. p.

DESHIMARU, Taisen. *La práctica de la concentración*. Barcelona: Teorema,1982. 297 p.

DHAMMAPADA: el camino del darma. Buenos Aires: Sudamericana, 1967. 247 p.

DÎGHA NIKÂYA: diálogos mayores de Buda. Caracas: Monte Avila, 1977. 410 p.

DOGEN, Eihei. *Shôbôgenzô Zuimonki*. Madrid: Miraguano Ediciones, 1987. 189.

ECKHART, Maestro. *Obras escogidas*. Barcelona: Visión Libros, 1988. 269 p.

ELIADE, Mircea. *Patanjali et le Yoga*. Paris: éds.du Seuil, 1962. 188 p.

EVANS-WENTZ, W.Y.(ed.). *El libro tibetano de la gran liberación*. Buenos Aires: Kier, 1977. 334.

EVANS-WENTZ, W.Y. (ed.) *Yoga tibetano y doctrinas secretas*. Buenos Aires: Kier,1971. 408 p.

EVOLA, Julius. *Le yoga tantrique: sa métaphysique, ses pratiques*. Paris: Fayard, 1975. 320 p.

FILOCÀLIA: la pregària del cor. Barcelona:Claret, 1979,191 p.

GUÉNON, René. *L'homme et son devenir selon le Vêdânta*. Paris: éds. Traditionnelles, 1982. 214 p.

GURAIEB, José E. *El sufismo en el cristianismo y el islam*. Buenos Aires: Kier, 1976, 351 p.

HALLAJ, Husayn Mansur. *Dîwân*. Paris: éds.des Cahiers du Sud, 1955. 159 p.

Akhbar Al-Hallaj. Paris: Lib.J.Vrin, 1975. 213 p.

HERBERT, Jean. *Reflexions sur la Bhagavad-Gîtâ vue dans son contexte*. Paris: Dervy livres, 1976. 125 p.

HESSE, Hermann. *Lecturas para minutos*. Madrid: Alianza Editorial, 1987. V.I. 138 p. V.II. 131 p.

HUEI-NENG. Vida y enseñanzas de. Madrid. Luis Carcamo Ed. 1985. 144 p.

HUJWIRI. *Somme spirituelle*. Paris. Islam/Sindbad. 1988. 482. p.

HUMPHREYS, Christmas. *Une approche occidentale du zen*. Paris: Payot, 1977. 231p.

HUMPHREYS, *Christmas. Concentración y meditación*. Barcelona: Martínez Roca, 1985, 193 p.

HUMPHREYS, Christmas. *La sabiduría del budismo*. Buenos Aires: Kier,1977. 319p.

JAIKUS inmortales (ed. de A.Cabezas García). Madrid: Hiperión, 1983. 183 p.

JOURDAN, Michel. *Notes de ma grange, des montagnes et des bois*. Paris: Stock, 1980. 252 p.

JUAN DE LA CRUZ. *Obras completas*. Madrid: Espiritualidad, 1957. 1206 p.

KABIR. *Cien poemas*. México: Editorial Diana, 1975. 128 p.

KALÂBÂDHÎ. *Traité de soufisme*. Paris: Sindbad, 1981.222 p.

LINSSEN, Robert. *Bouddhisme, taoisme et zen*. Paris: Le Courrier du Livre, 1972. 366 p.

LORY, Pierre. *Commentaires ésotériques du Coran d'après 'Abd ar-Razzâq al-Qâshânî*. Paris: Les deux Océans, 1980. 171 p.

LOSSKY, Vladimir. *Teología mística de la Iglesia de Oriente*. Barcelona: Herder, 1982. 207 p.

MAHARSHI, Ramana. *L'enseignement de Ramana Maharshi*. Paris: Albin Michel, 1972. 602 p.

MARTIN-DUBOST, Paul. *Çankara et le Vedânta*. Paris: éds. du Seuil, 1973. 189 p.

MASSON, D. *Monothéisme coranique et monothéisme biblique*. Paris: Desclée de Brouwer, 1976. 821 p.

MEYENDORFF, Jean. *St.Gregoire Palamas et la mystique orthodoxe*. Paris: éds. du Seuil, 1976.188 p.

MILAREPA. *Cantos*. México: Yug, 1981. 205 p.

NASR, Seyed Hossein. *Essais sur le soufisme*. Paris: Albin Michel, 1980. 247 p.

NASR, Seyed Hossein. *Islam: perspectives et realités*. Paris: Ruchet/ Castel, 1975. 223 p.

NICHOLSON, Reynold Alleyne. *Los místicos del Islam*. México: Diana, 1975. 155p.

PAREJA, Felix M. *La religiosidad musulmana*. Madrid: ed.Católica, 1975. 487 p.

PATAÑJALI. *Los yogasutras de Patañjali*. Barcelona: Barral eds., 1973. 252 p.

PSEUDO-DENYS L'ARÉOPAGITE. *Oeuvres complètes*. Paris: Aubier Mont¬aigne, 1980. 406 p.

RADHAKRISHNAN, Sarvepali. *La concepción hindú de la vida*. Madrid: Alianza, 1969. 177 p.

RAHULA,Walpola. *L'enseignement du Bouddha, d'après les textes les plus anciens*. Paris: éds. du Seuil, 1961. 199 p.

RUMI, Djlal-od-Dîn.*Fihi-ma-Fihi*. Rosario: edic. del Peregrino, 1981. 283 p.

RUMI, Djalal-od-Dîn. *El Masnavi*. Barcelona: Visión Libros, 1984. 385 p.

RUMI, Djalal-od-Dîn. *Odes mystiques*. Paris: Klincksieck, 1973. 326 p.

SAILLEY, Robert. *Le bouddhisme "tantrique" indo-tibetain*. St.Vincent sur Jabron: Présence, 1980. 239 p.

SHAH, Idries. *El monasterio mágico: filosofía antológica del Medio Oriente y Asia Central* Barcelona: Paidós, 1982. 138 p.

SHAH, Idries. *Sabiduría de los idiotas*. México: Fototipográfica, 1976. 142 p.

SHAH, Idries. *Les soufis et l'esotérisme*. Paris: Payot, 1972. 342 p.

SHANKARA. *La joya suprema del discernimiento*. Barcelona: Visión Libros, 1982. 163 p.

SHANKARACHÂRYA. *Hymnes et chants vedantiques*. Paris: Michel Allard, 1982. 163p.

SILBURN, Lilian (comp.). *Le bouddhisme*. Paris: Fayard, 1977. 524 p.

SUZUKI, D.T. *Ensayos sobre budismo zen*. Buenos Aires: Kier, 1975-1976. 3 vols.

SUZUKI, D.T. *Essais sur le bouddhisme zen*. Paris: Albin Michel, 1972. 3er.vol.

SUZUKI, D.T. *Introducción al budismo zen.* Bilbao: Mensajero, 1979. 200 p.

SUZUKI, D.T. *Le non-mental selon la pensée zen.* Paris: Le Courrier du Livre, 1970. 218 p.

TEOFANO EL RECLUSO. *Consejos a los ascetas.* Buenos Aires: Lumen, 1979. 158 p.

TERESA DE JESUS, Santa. *Obras completas.* Madrid. B.A.C. 1974. 1179 p.

TULSIDAS. *El Ramayana.*Barcelona:Visión Libros,1981.628 p.

UDÂNA, la palabra del Buda. Barcelona: Barral editores, 1972. 262 p.

VALAD, Sultân. *Maître et disciple.* Paris: Sindbad, 1982. 189 p.

VALMIKI. *El mundo está en el alma.* Madrid: Taurus, 1982.132 p.

VITRAY-MEYEROVITCH, Eva de. *Anthologie du soufisme.* Paris: Sindbad, 1978.363 p.

VV.AA. *Le Vide. Expérience spirituelle en Occident et en Orient.* Paris: Deux Océans/Hermès, 1981. 336 p.

VITRAY-MEYEROVITCH, Eva de. *Mystique et poésie en Islam.* Paris: Desclée de Brouwer, 1972. 314 p.

VITRAY-MEYEROVITCH, Eva de. *Rumi et le soufisme.* Paris: éds.du Seuil, 1977. 191p.

VYASA. *El Mahabharata.* Barcelona: Visión Libros, 1984. 2 vols.

WALDBERG, Michel. *Los bosques del zen.* Madrid: Espasa Calpe, 1978. 223 p.

ZAEHNER, R.C. *L'hindouisme.* Paris:Desclée de Brouwer, 1974. 222 p.

OTRAS OBRAS DE MARIÀ CORBÍ

La mayoría se pueden descargar gratuitamente en
https://www.bubok.es/autores/MCorbiQuinonero

La construcción de los proyectos axiológicos colectivos. Principios de epistemología axiológica. Madrid, Bubok, 2013. 331 p.

La sabiduría de nuestros antepasados para sociedades en tránsito. Principios de Epistemología Axiológica 2. Madrid, Bubok, 2013. 318 p.

Protocolos para la construcción de organizaciones creativas y de innovación. Princios de Epistemología Axiológica 3. Madrid, Bubok, 2015. 245 p.

El cultivo colectivo de la cualidad humana profunda en las sociedades de conocimiento globalizadas. Principios de Epistemología Axiológica 4. Madrid, Bubok, 2015. 319 p.

Las sociedades de conocimiento y la calidad de vida. Principios de Epistemología Axiológica 5. Madrid.Bubok. 2017. 257 p.

Proyectos colectivos para sociedades dinámicas Principios de epistemología axiológica. Barcelona.Herder: 2020 625 p.

El gran olvido: la gratuidad del vivir. Principios de Epistemología Axiológica 6. Madrid., Bubok, 2020. 396 p.

El sentir hondo de la vida. Principios de epistemología axiológica 7. Madrid., Bubok, 2022. 308 p.

La mente y la cualidad humana. Principios de epistemología axiológica 8. Madrid. Bubok, 2022. 345 p.